Rittinger, Das biologische Vollwert-Kochbuch

Eva Rittinger

Das biologische Vollwert-Kochbuch

Rat und Rezept-Ideen für naturgemäße Ernährung – durch natürliche Zutaten und werterhaltende Zubereitung

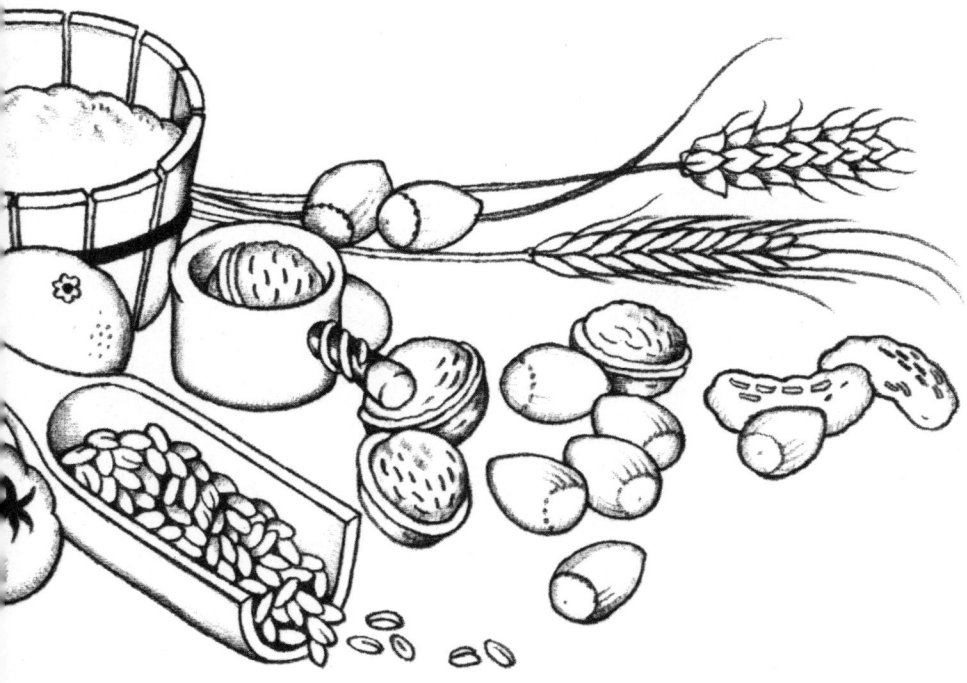

Gräfe und Unzer

Für H. in Liebe

Die Autorin
Eva Rittinger stammt aus der Hallertau in Bayern und war nach ihrer Ausbildung zur medizinisch-technischen Laborantin 20 Jahre lang Hausfrau. Seit ihr Arzt sie auf die Notwendigkeit einer vollwertigen Ernährung – zur Ausheilung einer chronischen Erkrankung – hinwies, beschäftigt sie sich mit natürlicher Lebensweise.
Nach einer gewissen Umstellungs- und Eingewöhnungszeit schmeckte diese biologische Vollwertkost bald der ganzen Familie ausgezeichnet und nicht nur das: sie hatte positive Auswirkungen auf die Gesundheit aller Familienmitglieder. Die Allergie der Kinder besserte sich wesentlich, Karies und Parodontose kamen zum Stillstand, Erkältungskrankheiten traten seltener auf und verliefen harmloser.
Eva Rittinger absolvierte nun eine Ausbildung als Hauswirtschaftsmeisterin und war besonders beeindruckt von Kursen des Ernährungswissenschaftlers Dr. Anemüller. Heute hält sie an Volkshochschulen, Erwachsenenbildungsstätten und berufsbildenden Schulen Vorträge und Kurse über Vollwertkost. 1981 wurde sie Mitarbeiterin des Bayerischen Rundfunks.

Verwendete Literatur:
Schadstoffe in unserer Nahrung. Verbraucher-Zentrale Hamburg.
Grundlagen der Ernährung. AID Verbraucherdienst Bonn.
Gesund leben – aber wie? Paracelsus Verlag Stuttgart.
Iß dich gesund. Gräfe und Unzer Verlag München.

Das Titelbild fotografierte C. P. Fischer, Baldham.
Die Fotos des Innenteils gestalteten Susi und Pete E. Eising, München.

2. Auflage 1983
© Gräfe und Unzer GmbH, München
Nachdruck, auch auszugsweise, ohne ausdrückliche Genehmigung des Verlages nicht gestattet.
Zeichnungen: Ingrid Schütz
Redaktion: Nina Andres und Brigitta Stuber
Einbandgestaltung: Constanze Reithmayr-Frank
Satz und Druck des Textteils: Georg Wagner, Nördlingen
Reproduktion, Druck des Farbteils und Bindung: Kösel, Kempten

ISBN 3-7742-4619-X

Inhalt

Inhalt

Inhalt

Inhalt

Ein Wort zuvor

Warum interessieren Sie sich für dieses Buch? Haben Sie den Ernährungsbericht von 1980 gelesen, den die Deutsche Gesellschaft für Ernährung nach vierjähriger Forschungsarbeit herausgab und in dem sie feststellt, daß große Teile der Bevölkerung trotz Überernährung mangelernährt sind?

Oder beunruhigen Sie Berichte in den Medien über Drogen und Antibiotika im Fleisch, Schadstoffe in Obst, Gemüse und Getreide und über Östrogene in Babynahrung?

Leiden Sie an einer ernährungsbedingten Krankheit und hat Ihr Arzt Sie auf die Notwendigkeit einer vollwertigen Ernährung hingewiesen und Sie können sich darunter nichts Genaues vorstellen?

Haben Sie vielleicht Übergewicht und lehnen weitere Abmagerungskuren ab, weil Sie nach Umstellung auf Ihre gewohnte Kost immer wieder mit demselben Problem konfrontiert werden?

Oder leiden Sie »nur« unter Müdigkeit, Lustlosigkeit, Antriebsschwäche und Stimmungsschwankungen? Das sind nämlich die ersten Anzeichen einer mangelhaften Ernährung.

Dieses Buch soll Ihnen helfen, sich gesund zu ernähren. Es will sie nicht zu einer sektiererischen Lebensweise bekehren, Sie müssen nicht zum Vegetarier werden und fortan auf alle Tafelfreuden verzichten, denn kulinarische Genüsse und Vollwertkost schließen sich gegenseitig nicht aus. Ganz im Gegenteil! Natürliche Zutaten und naturgemäße Zubereitung intensivieren die Aromastoffe und heben den Eigengeschmack der Gerichte.

Und nicht nur das: Vollwertkost bietet Schutz vor ernährungsbedingten Krankheiten wie Herz- und Kreislauferkrankungen, Stoffwechselstörungen, Erkrankungen des Bewegungsapparates, Karies und Parodontose, psychische Störungen und Krebs. Vollwertkost erhöht ihre Leistungsfähigkeit, Sie fühlen sich heiter und ausgeglichen und verbessern ihr Aussehen. Aufgeschwemmtes Bindegewebe wird entschlackt, Ihre Gesichtskonturen straffen sich, Sie werden schlanker. Daß dies zutrifft, weiß ich aus eigener Erfahrung, nachdem ich vor Jahren auf den Rat meines Arztes meine Ernährung auf Vollwertkost umgestellt habe.

Und – vielleicht – verlängern Sie Ihr Leben! Wissenschaftler behaupten, daß mit einer vernünftigen Ernährung die Lebenserwartung um bis zu 12 Jahre gesteigert werden kann. Auf alle Fälle leben Sie länger gesund.

Sie finden in diesem Buch zum ersten Mal die Kombination von zeitgemäßer Ernährungslehre, die Ihnen erklärt, warum Sie Ihr Ernährungsverhalten ändern sollten, und einem ausführlichen Rezeptteil, mit dem sich die Theorie in die Praxis, das heißt in köstlich schmeckende Gerichte umsetzen läßt. Die vielen Farbbilder werden Sie davon überzeugen.

Zweierlei ist in diesem Buch anders, als Sie es von Kochbüchern gewöhnt sind.

Zum einen habe ich bei den Rezepten auf Kalorienangaben verzichtet: In den vergangenen Jahren wurde die Nahrung lediglich nach der in ihr enthaltenen Energiemenge beurteilt. Kalorienarmes war gut, Kalorienreiches wurde verdammt. Eine vollwertige Ernährung orientiert sich jedoch am Nährstoffgehalt und nicht nur daran, wieviel Kalorien sie liefert. Wenn Sie Ihre Ernährung ändern, werden Sie bestimmt keine Gewichtsprobleme mehr haben – mehr hierüber erfahren Sie im theoretischen Teil des Buches.

Zum anderen nahm ich ganz bewußt keine Rezepte für Fleisch und Fisch auf. Beides sollte immer nur Beikost sein, das Hauptgericht aus Gemüse, Salat, Kartoffeln oder Getreide bestehen. Fleischlose Tage sind keine Fastentage und ein komplettes Menü ohne Fleisch ist außerordentlich schmackhaft.

Am Anfang brauchen Sie natürlich Geduld, um Ihren Körper an die ballaststoffreiche Vitalkost zu gewöhnen. Durch »Wohlbefinden« werden Sie für diese Mühe bestimmt belohnt.

Gute Gesundheit und guten Appetit wünscht Ihnen

Ihre Eva Rittinger

Gesundheit und Ernährung

Nach jeder Nahrungsaufnahme zerlegt unser Körper Proteine, Fette und Kohlenhydrate in kleinste Teile. Diese gelangen mit Vitaminen und Mineralstoffen im Blutstrom zu den Organen und Zellen. Befördert das Blut nicht die erforderlichen Nährstoffe zur rechten Zeit, weil diese in der Nahrung fehlen, so kann das zur Entstehung einer ernährungsbedingten Krankheit führen.

Halbernährung führt zu Halbgesundheit

Der Ernährungsreformer Kollath nennt eine Ernährung, in der lebensnotwendige Nährstoffe fehlen, Mesotrophie = Halbernährung. Sie führt zur Halbgesundheit, denn: gesund ist nicht, wer keine Schmerzen hat! Halbgesunde fühlen sich müde, lustlos, ohne An- und Auftrieb. Sie sind nervös, leiden oft unter Erkältungskrankheiten und häufig an Verdauungsbeschwerden. Sie richten sich bei ihrer Ernährung meist nach der Kalorien-/Joule-Tabelle und nicht nach dem Nährwert der Lebensmittel. Halbgesunde tun ihre Beschwerden gerne als Erbkrankheiten, Zivilisations-, Verschleiß- und Alterskrankheiten ab.

65% der Bundesbürger leiden und sterben an ernährungsbedingten Krankheiten.

Übergewicht begünstigt Krankheiten. Auch wenn heute wieder eifrig diskutiert wird über BROCA-Gewicht (= Körpergröße minus 100), Normal- und Idealgewicht, feststeht: 35% aller Deutschen über 14 Jahre wiegen zuviel. Dies stellt die Deutsche Gesellschaft für Ernährung fest.

Ursachen: Übergewichtige nehmen mehr Energie zu sich, als sie verbrauchen.
- Sie essen zu fett: 40% der Kalorienmenge besteht aus Fett, erwünscht wären 25–30%,
- sie essen zu süß,
- sie trinken zu viel Alkohol: 8% der täglichen Kalorienmenge von Männern, 5% von Frauen,
- und sie bewegen sich zu wenig.

Übergewicht begünstigt
- Bluthochdruck – mit einem Zuviel an Nahrung ist auch immer ein Zuviel an Kochsalz verbunden. Durch Normalisierung des Körpergewichts wird erhöhter Blutdruck häufig normalisiert.
- Zuckerkrankheit,
- erhöhte Blutfettwerte,
- Gallensteine,
- Leberzirrhose,
- Gelenkbeschwerden,
- Atembeschwerden,
- Durchblutungsbeschwerden.
- Übergewicht erschwert eine Schwangerschaft und erhöht das Risiko bei Narkosen und Operationen.

Herz- und Kreislauferkrankungen sind die Todesursache jedes Dritten. Falsche Ernährung verursacht Ablagerungen an den Gefäßwänden. So wird das Herz mangelhaft mit Sauerstoff versorgt, die Herzleistung sinkt, der Blutdruck steigt. Die »American Heart Association«, eine bedeutende fachärztliche Organisation, vertritt die Meinung, Infarkte könnten durch Umstellung der Ernährung um 50% verringert werden.

Stoffwechselerkrankungen: Anzeichen eines entgleisten Stoffwechsels sind erhöhter Blutcholesterinspiegel, erhöhter Blutfettgehalt, erhöhter Blutharnsäuregehalt und erhöhter Blutzuckergehalt.

Chronische Darmverstopfung kann zu Migräne, Herz- und Kreislaufbeschwerden, Leberschwellung, Hämorrhoiden und Hauterkrankungen führen. Die Betroffenen leiden meist unter Müdigkeit und Lustlosigkeit. Die Ursachen: Mangelnde Balaststoffzufuhr und Bewegungsarmut. Mit Abführmitteln werden nur die Beschwerden gelindert, die Krankheit wird nicht geheilt.

Skelettveränderungen: Unser Skelett ist die Mineralstoff-Reserve des Körpers. Werden mit der Nahrung zu wenig Mineralstoffe aufgenommen, wird die Reserve abgebaut.

Karies und Parodontose: Der Säuglingsnahrung und der Ernährung im Kindes- und Jugendlichenalter kommt große Bedeutung zu. Zuckerarme Kost bewahrt die Zähne vor Karies. Vollkornprodukte verhindern Kiefermißbildungen und Zahnbetterkrankungen. In einer Kinderpflegeanstalt in Lemgo erhalten die Kinder biologische Vollwertkost, das bedeutet unter anderem: kaum Zucker und Weißmehl. Der zahnärztliche

Befund: 59% der Kinder sind zahngesund, die restlichen haben nur geringe Zahndefekte. Zum Unterschied der bundesdeutsche Durchschnitt: die Zähne von 96% aller Sechs- bis Zehnjährigen sind von Karies befallen.

Während der beiden Weltkriege ging die Erkrankung an Karies um 50% zurück.

Psychische Störungen ruft der durch Zivilisationskost verursachte Vitaminmangel hervor. Diese Störungen äußern sich zunächst in Müdigkeit, Konzentrationsschwäche und Gedächtnisstörungen. Ständiger Vitaminmangel kann zu Depressionen, hypochondrischen (übersteigerten) Vorstellungen und Hysterie führen.

Haben Sie von Dr. Mary Jane Hungerford gehört? Sie ist seit 10 Jahren Eheberaterin in New York und stellt fest: »Ernährung spielt in 90% meiner Fälle eine Rolle, in 75% eine entscheidende. Nahezu alle meine Klienten sind müde und abgespannt. Abgespanntheit aber ist das erste Zeichen für Mängel in der Ernährung. Und Abgespanntheit führt meistens zu Nervosität und Streit!« Ihre Erfahrung: Ehepaare, die ihr Ernährungsverhalten ändern, vertragen sich bald besser.

Krebserkrankungen: Ein Zusammenhang besteht zwischen dem Auftreten gewisser Ernährungsgewohnheiten und Krebserkrankungen, was folgende Beobachtungen beweisen: In Japan tritt Magenkrebs häufig, Dickdarmkrebs selten auf. Kinder von Japanern, die nach Amerika auswanderten, zeigen bereits das umgekehrte Muster. Bei ihnen tritt Magenkrebs selten, Dickdarmkrebs dagegen häufig auf. Dickdarmkrebs wird durch eine kalorienreiche Ernährung, zuviel Fett und Cholesterin, einen Mangel an frischen Gemüsen und pflanzlichen Faserstoffen begünstigt.

Das australische Institut für Ernährungswissenschaften berichtete beim 6. Australischen Ärztekongreß, daß Frauen, die sich überernähren und viel Fett zu sich nehmen, häufiger an Brustkrebs erkranken.

Die australischen Wissenschaftler schätzen, daß Krebserkrankungen bei Frauen zu 60% und bei Männern zu 40% auf Eßgewohnheiten zurückzuführen sind.

Ein Institut für Demoskopie veröffentlichte nach der Befragung eines repräsentativen Querschnitts der Bevölkerung der BRD folgende Zahlen:

Es gibt

1,8	Millionen Gichtkranke
2,2	Millionen Diabetiker
6,3	Millionen Leber-, Nieren- und Gallenkranke
8,5	Millionen Übergewichtige
9,8	Millionen Menschen, die an chronischer Verstopfung leiden
16,55	Millionen Herz-, Kreislauf- und Bluthochdruckkranke.

Wissenschaftler schätzen, daß sich 3,5 Millionen Bundesbürger im Vorstadium der Zuckerkrankheit und 6–12 Millionen im Vorstadium von Stoffwechselerkrankungen befinden.

Schützen Sie sich vor diesen Krankheiten durch Vollwert-Kost.

Vollwertige Lebensmittel

Wenn ich Sie fragen könnte: »Wonach richtet sich Ihr Speiseplan«, was würden Sie mir antworten?

- Ich stelle gar keinen auf
- Nach den Sonderangeboten im Supermarkt
- Nach dem Inhalt meines Kühl- und Vorratsschrankes
- Nach meinem Appetit auf . . .
- Nach meiner verfügbaren Zeit: Donnerstag Friseur, da gibt's Ravioli aus der Dose

Ein Speiseplan muß dafür sorgen,

- daß wir uns täglich vollwertig ernähren,
- daß wir abwechslungsreich essen,
- daß die Zusammensetzung der Mahlzeiten auf Alter und Beruf der Familienmitglieder abgestimmt ist,
- daß die häusliche Kost die Verpflegung in der Kantine, im Kindergarten, in der Schule oder in der Mensa ausgleicht.

Stellen Sie den Speise- und Einkaufszettel gleichzeitig auf: Ein Großeinkauf am Wochenanfang in leeren Geschäften und mit ausgeruhter Bedienung spart Zeit und Geld, denn ein durchdachter Einkauf ist immer preiswerter als ein Spontankauf, womöglich in Eile und mit leerem Magen. Doch bevor Sie einen Speiseplan aufstellen, sind einige Überlegungen anzustellen:

Vollwertig ernähren kann man sich nur mit vollwertigen Lebensmitteln! Man erkennt sie
1. an ihrer Naturbelassenheit und
2. an ihrer Schadstoffarmut.

Naturbelassenheit

Der Grad der Naturbelassenheit steht in einer engen Beziehung zum Gehalt an essentiellen = lebensnotwendigen Nährstoffen.

Unser Körper benötigt Nährstoffe zur Zellbildung und -erhaltung sowie als Energielieferanten. Diese Nährstoffe sind in allen natürlichen Lebensmitteln enthalten. Durch industrielle Verarbeitung wie Raffination, Konservierung, chemische oder Hitzebehandlung wird die Lei-

stungsfähigkeit dieser Nährstoffe verringert oder zerstört. Bircher-Benner spricht von der »Störung und Zerstörung des Nahrungsintegrals«.

Durch Erhitzen, Konservieren und chemische Behandlung werden aus

Lebensmitteln	→ Nahrungsmittel
Kartoffeln	→ Kartoffelflocken oder -mehl
Äpfel	→ Apfelmus aus der Dose
Orangen	→ Orangensaftgetränk mit 6% Fruchtanteil
Getreide	→ Auszugsmehl Type 405
Vollreis	→ geschälter, polierter Reis

Schadstoffarmut

Schadstoffe in Lebensmitteln:

- Kohlenwasserstoffe
- Tierarzneimittel
- Schwermetalle
- Konservierungsmittel
- Verpackungsrückstände
- Bakterien und Schimmelpilze
- Pflanzliche Gifte

Wissen ist Macht! Wenn Sie über die Schadstoffe und ihre Gefährlichkeit Bescheid wissen, steht es in Ihrer Macht, sich vor Gesundheitsschäden zu schützen.

Monokultur in der Landwirtschaft

Die permanente Produktionssteigerung in der Landwirtschaft führte zu Monokultur und Massentierhaltung. Dadurch wurde das ökologische Gleichgewicht zerstört. »Kulturpflanzen« können nur mit Hilfe von Insektenvernichtungsmitteln (Insektiziden), Pflanzenschutzmitteln (Pestiziden), Mitteln gegen Pilzkrankheiten (Fungiziden) und gegen Unkräuter (Herbiziden) überleben.

Pestizide, vor allem DDT und HCH, sind schwer abbaubare Kohlenwasserstoffe, die sich im Körper ablagern und im Fettgewebe speichern. Das kann Nervenschäden und eine Behinderung der Organfunktionen verursachen. DDT wirkt krebserregend. Bereits 1972 stellten französische Wissenschaftler fest, daß Muttermilch bis zu 100 mal mehr DDT enthielt als Kuhmilch. In Deutschland ist DDT mittlerweile verboten, in manchen Ländern ist sein Einsatz noch erlaubt.

Nitratrückstände in Lebensmitteln, die durch die Stickstoffüberdüngung der Böden bedingt sind, können durch Einlagerung oder Zubereitung – unter Mitwirkung von Bakterien – in das hochgiftige Nitrit umgewandelt werden. Kochen kann den Schadstoffgehalt verringern. Verbindet sich Nitrit mit bestimmten Eiweißmolekülen, entstehen Nitrosamine, über deren stark krebserregende Wirkung man seit 50 Jahren Bescheid weiß.

Die intensiv genutzten landwirtschaftlichen Böden führen bereits zur Verunreinigung des Grundwassers. Müttern von Säuglingen wird empfohlen, für die Zubereitung von Babynahrung kein Leitungswasser zu verwenden.

Die biologischen Anbauweisen

Ist der biologische Anbau eine wirkliche Alternative? Und was versteht man darunter? Es gibt den biologisch-dynamischen Landbau nach dem Anthroposophen Dr. Rudolf Steiner im Forschungsring für biologisch-dynamische Wirtschaftsweise mit dem Handelszeichen »Demeter«. In Deutschland bauen etwa 300 Betriebe mit etwa 6000 ha Gesamtfläche nach dieser Methode an.

Und es gibt den organisch-biologischen Landbau nach Dr. Magda Müller, Handelsname »Ökoland«. Die Fördergemeinschaft betreut etwa 140 Mitglieder mit rund 1500 ha Fläche.

Im alternativen Landbau wird nicht die Kulturpflanze gedüngt, sondern der Boden. Dabei sollen das Bodenleben aktiviert und Nährstoffvorräte freigesetzt werden. Auf Mineraldünger wird verzichtet, da dieser ein unharmonisches Verhältnis zwischen den Nährstoffen begünstigt und die Bodenlebewesen stört oder tötet. Biolo-

gischer Anbau verzichtet auch weitgehend auf Pflanzenschutzmittel. Naturgemäße Biotope schaffen Lebensraum für Nützlinge und sorgen für Nahrung von Vögeln und Bienen. Natürliche Abwehrmittel als biologischer Pflanzenschutz sind stark aromatisch riechende Kräuter und Blumen, die in unmittelbarer Nähe der zu schützenden Kultur stehen müssen.

Völlige Schadstoff-Freiheit aber ist bei der heutigen Umweltbelastung nicht mehr möglich.

● Die Felder mit biologischem Anbau liegen nicht in industriefreier und verkehrsarmer Lage,

● die Nachbarn der »Bio-Bauern« bearbeiten ihre Felder weiter mit chemischen Dünge- und Pflanzenschutzmitteln.

● Experten rechnen mit einer Übergangszeit von 7 Jahren für den Boden.

Was bieten Lebensmittel aus organisch-biologischem oder biologisch-dynamischem Anbau?

Zuerst zwei kritische Beiträge zu diesem Thema. Im Februar 1976 veröffentlichte die Zeitschrift »test« ein Untersuchungsergebnis über den Vergleich von Lebensmitteln aus biologischem mit denen aus herkömmlichem Anbau. Fazit: »Insgesamt gibt es an Lebensmitteln aus biologischem Anbau wenig auszusetzen. Besser als andere Produkte sind sie allerdings nicht; abgesehen von etwas niedrigeren Nitratgehalten bei manchen Fabrikaten. Die getesteten Gemüse und Säfte enthielten zwar keine Rückstände von Pflanzenschutzmitteln; aber auch bei normal angebautem Gemüse werden nur selten Rückstände gefunden. Und vor Schwermetallen bleibt auch der biologische Anbau nicht verschont.

In der Regel aber muß für solche Lebensmittel beträchtlich mehr bezahlt werden als für andere. Der Verbraucher mag selbst entscheiden, ob sich die Mehrausgabe lohnt.«

Zu einem ähnlichen Ergebnis kam die Bundesanstalt für Lebensmitteluntersuchung in Wien. Sie testete Vollweizengrieß, Roggenschrot, Obst und Gemüse aus biologischem Anbau. Ergebnis: Die chemischen Rückstände biologischer Nahrungsmittel lagen zwar unter der zulässigen Höchstgrenze, die Nahrungsmittel waren jedoch keineswegs rückstandsfrei. Und die Preise lagen um bis zu 730% über denen für herkömmliche Ware.

Bei diesem Streit um »biologische« Produkte bleiben einige wichtige Punkte unberücksichtigt, nämlich erstens einmal die Qualität der getesteten Produkte. Unsere Handelsklasseneinteilung begünstigt große, makellose Ware, also eine Ware, die oft gedüngt und gespritzt wird.

Professor Schuphan testete von 1960–1972 organisch und anorganisch (also mit Kunstdünger) gedüngte Gemüse. Er beweist eindeutig, daß organisch gedüngtes Gemüse dem mit Mineraldünger behandelten Gemüse qualitativ überlegen ist.

Biologisch erwirtschaftetes Gemüse enthält
23% mehr Trockensubstanz
18% mehr Eiweiß
28% mehr Vitamin C
23% mehr Vitamin B
18% mehr Kalium
10% mehr Calcium
24% mehr Phosphor
77% mehr Eisen

Bei der Einteilung nach Handelsklassen, die den Preis bestimmen, bleiben Duft, Aroma und Farbintensität ohne Bewertung. Vergleichen Sie deshalb einmal Gemüse aus biologischem Anbau mit einem der Handelsklasse I. Sie werden erstaunt sein.

Vor kurzem erzählte mir ein Landwirt, daß er seine Pferde und Stallhasen mit organisch gedüngten Möhren fütterte. Als im letzten Winter sein Vorrat zu Ende ging, kaufte er Futter-Möhren, die mit Kunstdünger behandelt worden waren. Sowohl die Pferde als auch die Hasen spuckten die Möhren aus.

Noch sind bei uns die Preise für biologisch angebaute Produkte unverhältnismäßig hoch. Daß dies nicht so sein muß, beweist eine Studie des US-Landwirtschaftsministeriums. Beim Getreideanbau besteht kaum ein Unterschied zwischen den Nettoeinkünften aus »biologisch« und herkömmlich bewirtschafteten Höfen.

Nettoeinkünfte in Dollar pro Hektar:

Jahr	biologischer Anbau	herkömmlicher Anbau
1976	326	333
1977	289	278
1978	333	384

Bei den Preisen blieb unberücksichtigt, daß für die biologisch erwirtschafteten Produkte ein Mehrpreis hätte verlangt werden können.
Diese Studie beweist außerdem, daß Anbau ohne Kunstdünger und Pestizide im großen Stil möglich ist und unser Agrarsystem nicht zusammenbrechen würde.

Wo kaufen?

Wenn Sie alle diese Informationen verarbeitet haben, müssen Sie Ihre Entscheidung treffen. Reformhäuser und Naturkostläden bieten Getreide in Demeter-Qualität an. Dort erhalten Sie auch Milch und Milchprodukte von Kühen aus Grünlandwirtschaft in verkehrsarmer und industriefreier Gegend und Eier von freilaufenden Hühnern, die ohne Fisch- und Tiermehle aufgezogen werden.

Immer öfter findet man Obstbauern mit Schildern »ungespritztes Obst zu verkaufen«. Auch Kartoffeln aus biologischem Anbau gibt es direkt vom Bauern. Einkellern ist zu empfehlen, wenn man einen kühlen, dunklen Platz hat. Bitte nicht in der Garage! Bei großer Kälte muß mit dicken Lagen Zeitungspapier abgedeckt werden.

Auf vielen Märkten verkaufen »Alternative« Obst und Gemüse aus biologischem Anbau. Wenn Sie an die Qualität denken, kaufen Sie trotz der Preisdifferenz preiswert.

Auf keinen Fall sollten Sie Obst und Gemüse nach kosmetischen Gesichtspunkten kaufen. Oder von offenen Ständen an verkehrsreichen Straßen. Produkte mit kleinen Fehlern sind meist weniger gespritzt und gedüngt und übertreffen an Geschmack und Haltbarkeit Obst und Gemüse der Handelsklasse I.

Tierarzneimittel

Tierarzneimittel werden heute nicht mehr nur kranken Tieren gegeben, sie werden bereits vorbeugend dem Futter beigemengt. Um mit weniger Futter mehr Fleisch zu erzeugen, werden Hormone verabreicht – das spart bis zu einem Drittel an Futterkosten. Gegen Transportstreß gibt man Tranquilizer und Neuroleptika. Sulfonamide und Antibiotika werden auf dem Schwarzen Markt gehandelt, unter Umgehung der tierärztlichen Verordnung.

Manche Arzneimittel bauen sich im Tierkörper ab. Andere lagern sich in den tierischen Ausscheidungsorganen Leber und Niere ab oder bleiben als Rückstände in tierischen Lebensmitteln.

Der Präsident der Bayerischen Tierärztekammer wandte sich an die Öffentlichkeit mit der Warnung vor einer Verharmlosung der Gesundheitsgefahren durch Östrogen-Rückstände. Er wies darauf hin, daß zwar geringe Rückstandsmengen noch keine unmittelbare Gefahr für den Menschen bedeuten, die Konzentration an der Einstichstelle jedoch oft im Gefahrenbereich liege.

Fachleute befürchten, daß Landwirte künftig auf künstliche Hormone umsteigen, die bei Stichproben schwerer nachweisbar sind.

Die Folgen für uns Verbraucher: Sulfonamid- und Antibiotika-Rückstände können Allergien auslösen und eine Resistenz gegen diese Arzneien verursachen. In Extremfällen können Arzneimittelrückstände zur Fahruntüchtigkeit führen, oder eine Trieb- und Antriebshemmung bewirken.

Schwermetall-Rückstände in Lebensmitteln

Quecksilber-Rückstände (der Fotoindustrie zum Beispiel) gelangen über die Abwässer in Seen, Flüsse und Meere. Fische, Muscheln und Wasservögel können Quecksilber-Rückstände enthalten. Hohe Quecksilberwerte findet man in Thunfischkonserven. Frische Kulturchampignons sind relativ rückstandsarm, im Gegensatz zu Wildchampignons und anderen Wildpilzen.

Eine Quecksilbervergiftung verursacht Nervenlähmung und Gehirnschäden. In Japan sind chronische Quecksilbervergiftungen als »Minamata-Krankheit« bekannt. Also Vorsicht, nicht zu häufig Fisch essen.

Blei aus Abgasen von Autos und der bleiverarbeitenden Industrie findet man in Kartoffeln, Wurzel- und Blattgemüsen, Küchenkräutern und Gemüsekonserven. Der Rückstandsgehalt in Leber und Nieren von Tieren ist entscheidend höher als im Muskelfleisch. Bleihaltig sind auch oft die Nahtstellen von Konservendosen.

Bleivergiftungen machen sich schleichend durch Mattigkeit, Appetitlosigkeit und Verdauungsstörungen bemerkbar. Später können Blutarmut, Gehirn- und Nervenschäden hinzukommen.

Deshalb: Konservendosen nach dem Öffnen leeren. Kein Obst an offenen Ständen nahe verkehrsreicher Straßen kaufen. Kein Gebrauchsgeschirr aus Keramik aus dem Ausland verwenden.

Cadmium stammt aus Industrie- und Dieselmotorabgasen. Getreide, Kartoffeln, Blattgemüse, Gemüsekonserven, Nieren, Schaltiere, Muscheln, Krabben, Ölsardinen und Pilze weisen höhere Rückstandsmengen auf. Die Deutschen nehmen ebensoviel Cadmium mit ihrer Nahrung auf, als von der Weltgesundheitsorganisation als tolerierbare Höchstmenge errechnet wurde.

Das Gift gelangt in den Blutkreislauf und wird durch die menschliche Niere so langsam ausgeschieden, daß sich die Cadmiumkonzentration im Laufe eines Lebens ständig erhöht. Ein hoher Cadmiumspiegel beim Menschen kann zu Nierenschäden führen und die Knochen entmineralisieren.

Deshalb: Essen Sie nicht mehr als 250 g Pilze pro Woche, wenig Innereien und verzichten Sie auf Nieren und Leber.

Das Landesuntersuchungsamt für das Gesundheitswesen hat erhebliche Mengen an Quecksilber, Blei und Cadmium in Wildbret festgestellt. In Rehwild, Hasen, Schwarz- und Rotwild fand man Schwermetall-Rückstände, die zum Teil erheblich über den Werten liegen, die von der Weltgesundheitsorganisation als tolerierbare Höchstmenge angegeben werden. In der Leber und im Fettgewebe der Tiere befanden sich »durchaus bedenkliche Mengen« Pestizid-Rückstände und Spuren von DDT.

Lebensmittelzusätze

Sie dienen der Schönung und Haltbarmachung und sind kennzeichnungspflichtig. Die Ziffern in Klammern entsprechen den Ziffern, mit denen sie auf Lebensmitteln kenntlich gemacht werden.
Sorbinsäure (1) dient der Konservierung von Brotscheiben und hemmt Schimmelbildung. Sie wird im Körper abgebaut und ist weitgehend unbedenklich.
Benzoesäure (2) ist in Fischkonserven, Mayonnaisen und Saucen enthalten. Diese Säure wird umgewandelt mit dem Urin ausgeschieden, ein Prozeß, der allerdings die Leber belastet.
PHB-Ester (3) wird in Deutschland heute kaum mehr verwendet.
Ameisensäure (4) konserviert Früchte, Säfte, Sauer- und Fischkonserven.
Propionsäure (5) ist ein Schimmelverhütungsmittel und wird im Körper abgebaut.
Schwefeldioxid zerstört Vitamin B_1. Bei empfindlichen Personen können Kopfschmerz und Übelkeit schon nach dem Verzehr geringer Mengen Schwefeldioxid auftreten. Geschwefelt werden Trockenfrüchte wie Rosinen, Trockengemüse wie Kartoffelflocken, Marmeladen und Wein. Beim Trinken eines knappen Liters Wein kann die verträgliche Höchstgrenze bereits überschritten werden.
Deshalb: Waschen Sie Trockenfrüchte heiß ab oder noch besser, kaufen Sie ungeschwefelte Früchte.
Saccharin und Cyclamat: Sie zählen zu den erlaubten Lebensmittelzusätzen und werden als »Schlankmacher« verkauft. Versuche an Ratten, die durch Cyclamat und Saccharin an Blasenkrebs erkrankten, führten zum Verbot in den USA. Jahrelange Versuche am Krebsforschungs-

zentrum in Heidelberg konnten diesen Verdacht nicht bestätigen.
Die WHO hat als zulässige Tageshöchstmenge 5–7 Tabletten handelsüblicher Saccharin-Cyclamat-Tabletten errechnet – je nach Körpergewicht.
Phosphorsäuren werden für koffeinhaltige Getränke, Backpulver, Käse und Kondensmilch verwendet, außerdem für Wurstwaren, um die natürliche Fleischfarbe zu erhalten. In der Presse war zu lesen, daß eine hohe Phosphataufnahme zu Konzentrationsstörungen, Aggressivität und Überaktivität bei Kindern führt. Phosphor brauchen wir für Knochen und Zähne; er ist in fast allen Lebensmitteln von Natur aus enthalten. Die tägliche Zufuhr sollte 1,5 g pro Tag nicht überschreiten, liegt aber in der Regel höher.
Deshalb: Statt Wurst und Käse öfters Quark essen und auf Cola-Getränke verzichten.
Künstliche Wachse: Zitrusfrüchte werden gewachst, um ihre Haltbarkeit zu erhöhen. Behandelte Schalen dürfen unter keinen Umständen verwendet werden, denn auch heißes Wasser entfernt das Wachs nicht. Die Vorratsschutzmittel dringen zum Teil auch ins Fruchtfleisch vor.

Verpackungsrückstände

Verpackung dient dem Schutz der Lebensmittel vor Verunreinigung und Transportschäden.
• PVC ist Rohstoff für Klarsichtfolien. Es enthält Vinylchlorid, das beim Einatmen krebserregend wirkt.
• Polysterol wird für Joghurt- und Quarkbecher und Wegwerfbecher verwendet. Das Material ist zum Einfrieren nicht geeignet, da es durch Haarrisse leicht undicht wird.
• Aluminiumfolie ist gleichfalls zum Einfrieren ungeeignet. Sie eignet sich auch nicht für die Aufbewahrung stark salz- oder säurehaltiger Lebensmittel oder für Rohwürste, da diese Nitratpökelsalz enthalten.
Deshalb: Kaufen Sie keine säurehaltigen Lebensmittel in Kunststoffpackungen, z. B. Essig. Bevorzugen Sie Verpackungsmaterialien wie Glas und Papier oder Gefrierbeutel.

Bakterien und Schimmelpilze

Bakterien, Stoffwechselprodukte von Schimmelpilzen und Hefen sind Schadstoffe in verdorbenen Lebensmitteln. Feuchte und warme Lagerung unterstützt das Wachstum dieser Kleinlebewesen. Befallene Lebensmittel wie Brot, Gebäck, Nüsse, Säfte und Marmeladen müssen weggeworfen werden. Schimmelpilze werden durch Kochen nicht vernichtet! Diese Mikro-Organismen wirken krebserregend. Sie schädigen Leber und Nerven und können zu Wachstumsstörungen führen.

Botulin-Toxine sind hochgiftig und können sich in Konserven bilden. Verwenden Sie deshalb nie den Inhalt von Dosen mit gewölbtem Deckel oder Glaskonserven, deren Schraubdeckel nicht mehr fest sitzt.

Salmonellen können in Fleisch-, Ei- und Geflügelerzeugnissen vorhanden sein. Durch Kochen werden diese jedoch zerstört. Deshalb müssen Sie gefrorenes Geflügel im Kühlschrank auftauen und völlig durchgaren. Küchengeräte wie Holzbretter, die mit rohem Fleisch oder Geflügel in Berührung kommen, müssen Sie vor dem weiteren Gebrauch sehr gründlich spülen. Hackfleisch muß unbedingt am Tag der Herstellung verbraucht werden.

Pflanzliche Gifte

Nun gibt es auch Schadstoffe, die von Natur aus in Lebensmitteln vorkommen.

Blausäure ist in den Kernen von Zitronen, Aprikosen, Pfirsichen, Kirschen, Äpfeln, Birnen und Pflaumen sowie in bitteren Mandeln enthalten. 5–10 bittere Mandeln können bei Kindern, 60 bei Erwachsenen zum Tode führen.

Oxalsäure: Der Gehalt dieser Säure in Gemüsen wird durch übermäßige Düngung noch erhöht. Besonders oxalsäurehaltige Lebensmittel sind Spinat, Rhabarber, Stachelbeeren und Kakao. Die ständige Aufnahme größerer Mengen Oxalsäure kann zu Nierenschäden führen. Nierenkranke sollten auf den Verzehr der genannten Lebensmittel verzichten.

Solanin bildet sich in unreifen und grünen Teilen der Kartoffel. Diese Stellen entstehen, wenn Kartoffeln vor der Ernte nicht genügend mit Erde bedeckt waren. Vergiftungen äußern sich durch Kopfschmerz, Mattigkeit, Erbrechen, Leibschmerzen und Durchfall. Bei Kindern kamen bereits tödliche Vergiftungen vor.

Deshalb: Entfernen Sie die grünen Teile der Kartoffel vor dem Garen großzügig. Lagern Sie Kartoffeln dunkel, denn Licht begünstigt das Grünwerden und steigert den Solaningehalt.

Zulässige Tageshöchstmengen

Die 1948 gegründete Weltgesundheitsorganisation (World Health Organization = WHO), eine Sonderorganisation der UN mit Sitz in Genf, sieht eine ihrer Aufgaben in der Verbesserung der Ernährung. Wissenschaftler der WHO ermitteln in Tierversuchen, welche Rückstandsmengen auf die Gesundheit der Tiere keine negativen Auswirkungen haben. Diese Werte werden in Bezug zu einem Sicherheitsfaktor gesetzt und dann auf den Menschen übertragen. So errechnet sich die Tageshöchstmenge = ADI-Wert (Acceptable daily intake).

Dabei bleiben unberücksichtigt:
- das Zusammenwirken verschiedener Schadstoffe
- die Umwandlung in Zwischenprodukte im Körper
- das extreme Ernährungsverhalten verschiedener Personengruppen.

Die ADI-Werte gelten nur für gesunde Erwachsene, nicht für Kinder, Kranke und werdende Mütter.

Die Nähr- und Wirkstoffe

Nährstoffe in Lebensmitteln enthalten chemische Substanzen, aus denen der Organismus körpereigene Stoffe bildet.

Die Proteine = Eiweiß

15% unserer Nahrung sollte aus Proteinen (Eiweiß) bestehen. Der Erwachsene benötigt täglich 0,9 Gramm pro Kilo Körpergewicht; Kinder und alte Menschen mehr. Körpereiweiß wird ständig abgebaut und muß aus Aminosäuren (= Eiweißbausteinen) neu gebildet werden. Organe, Muskeln, Blut und Körperzellen enthalten Eiweiß. Sowohl ein Zuwenig als auch ein Zuviel an Proteinen kann zu Schäden im Organismus führen.

Eiweißmangel beeinträchtigt die Lebens- und Arbeitsfreude, hemmt geistige Leistung, erhöht das Schlafbedürfnis, kann Haut-, Leber- und Blutkrankheiten verursachen.

Speisenplan eines Erwachsenen mit 66 kg Normalgewicht unter Berücksichtigung einer ausreichenden Eiweißzufuhr:

Frühstück	g Eiweiß
Müsli aus 25 g Haferflocken	4
1 Joghurt	2,5
20 g Nüsse	3
2. Frühstück	
$^1/_4$ l Buttermilch	5
Mittagessen	
Auflauf mit 50 g Hartkäse	
(oder 150 g Hackfleisch)	13,5
150 g Kartoffeln	3
100 g Feldsalat	2
Abendessen	
Omelett von 1 Ei	22
0,1 l Milch	3
100 g Spinat	2
	60 g

Die Proteine, die der menschliche Körper benötigt, bestehen aus etwa 20 Aminosäuren. 8 davon sind essentiell, das heißt sie müssen mit der Nahrung zugeführt werden. Je ähnlicher die Zusammensetzung des Nahrungsproteins dem Körpereiweiß ist, desto höher ist seine »biologische Wertigkeit«.

Biologische Wertigkeit einiger Lebensmittel:

Voll-Ei	100
Kartoffel	98
Rindfleisch	91
Milch	88
Kabeljau	87
Soja	86
Edamer	84
Reis	81
Roggen	74
Weizen	56
Gelatine	0

Kombinationen eiweißhaltiger Lebensmittel können eine höhere Wertigkeit erreichen, z. B.

36% Voll-Ei + 64% Kartoffeln	136
76% Milch + 24% Weizen	110
60% Voll-Ei + 40% Reis	106

Eiweißreiche Mahlzeiten erhöhen den Glukagon-Blutspiegel. Glukagon ist ein Hormon aus der Bauchspeicheldrüse, das den Blutzucker erhöht. Das bedeutet, daß man länger satt bleibt. Somit ist Eiweiß ein natürlicher Appetithemmer.

Eiweiß findet sich in tierischen und pflanzlichen Lebensmitteln:

tierisches Eiweiß in		
Fleisch	etwa	8–22%
Fisch		9–18%
Eiern		11%
Milch		3%
Käse		15–37%

pflanzliches Eiweiß in		
Getreide	etwa	7–12%
Kartoffeln		2%
Gemüse		1–4%
Hülsenfrüchte		18–24%
Soja		40%
Nüssen		14–26%

Die Nähr- und Wirkstoffe

Eiweißüberernährung. Durch diese können die Kapillaren und Gefäßinnenwände bis zum Zehnfachen verdickt werden. Dies führt zu Bluthochdruck, erhöhtem Blutcholesterinspiegel und Gicht; sie begünstigt die Entstehung von Embolien, Thrombosen und vorzeitige Verkalkung. Die »Eiweißmast« steht in engem Zusammenhang mit dem gestiegenen Fleischkonsum:

Fleischverbrauch pro Kopf

Jahr	kg/Jahr	g/Woche
1800	13	250
1900	30	600
1965	63	1250
1980	90	1900

Fleisch sollte maßvoll konsumiert werden, 2–3 Mahlzeiten pro Woche genügen. Bevorzugen Sie Fleisch, das nicht aus Massentierhaltung kommt. Und verzichten Sie auf den Genuß von Leber und Nieren.
Professor Dr. med. H. Mommsen und Dr. med. H.-H. Reckeweg raten, den Verzehr von Schweinefleisch und -fett einzuschränken oder ganz zu vermeiden.
Gründe:
1. Der Konsum von Schweinefleisch erhöht die Anfälligkeit für Rheuma, Bandscheibenschäden und Gelenk-Abnützungen, da das Fleisch biologisch minderwertige Macoitin- und Chondroitin-Schwefelsäure enthält.
2. Schweinefleisch und -fett ist besonders cholesterinreich und somit ein Risikofaktor für die Entstehung der Arteriosklerose.
3. Schweinefleisch enthält Histamin, das in größeren Mengen bei der Entstehung von Entzündungen und allergischen Erkrankungen wie zum Beispiel Heuschnupfen eine wesentliche Rolle spielt.
4. In den Lungen von Schweinen entwickeln sich Grippe-Erreger. Diese Innereien werden in Würsten verarbeitet.
Die mohammedanische Religion verbietet den Verzehr von Schweinefleisch. Ob dies der Grund ist, daß mohammedanische Länder von großen Grippe-Epidemien verschont bleiben?

Fisch enthält biologisch hochwertiges Protein, die fettlöslichen Vitamine A und D, sowie die Mineralstoffe Calcium, Phosphor, Jod und Eisen. Fisch ist leichtverdaulich, da er eine lockere Struktur und einen hohen Wassergehalt besitzt. Durch die Verunreinigung der Meere, Seen und Flüsse enthält Fisch Schwermetall-Rückstände und sollte deshalb nur einmal wöchentlich auf den Tisch kommen.
Hühnerei enthält 11% Eiweiß, 10% Fett, 75% Wasser und viele Vitamine und Mineralstoffe. Das Eigelb hat jedoch einen hohen Cholesteringehalt, der eine wesentliche Rolle bei der Entstehung der Arteriosklerose spielt. Mit einem Ei von 60 g Gewicht nehmen Sie bereits 280 mg Cholesterin zu sich. Sie sollten pro Tag aber nicht mehr als 300 mg mit der Nahrung aufnehmen. Wenn Sie eine cholesterinfreie Diät einhalten müssen, sollten Sie auf Eigelb ganz verzichten. Verwenden Sie für Kuchen und Aufläufe anstelle eines ganzen Eis einen Eßlöffel fettarmes Sojamehl und das Eiweiß des Hühnereis.
Milch und Milchprodukte sind sowohl gesunde als auch preiswerte eiweißhaltige Grundnahrungsmittel.
Vorzugsmilch ist naturbelassene Rohmilch, sie wird nicht molkereimäßig bearbeitet und ist ernährungsphysiologisch sehr wertvoll.
Pasteurisierte Milch wird 40 Sekunden lang auf 71–74° erhitzt.
H-Milch wird 2 Sekunden auf 135–150° erhitzt und blitzschnell wieder abgekühlt. Sie enthält keine Milchsäurebakterien mehr und ist ungekühlt mindestens 6 Monate haltbar.
Sterilisierte Milch wird 30 Minuten auf 110–115° erhitzt und ist ungeöffnet 6 Monate haltbar.
Ernährungsphysiologische Rangordnung der Milch:
1. melkfrische Milch
2. Vorzugsmilch
3. gefriergetrocknete Milch
4. pasteurisierte Milch
5. H-Milch
6. sterilisierte Milch
7. kondensierte Milch (Dosenmilch)
Sauermilchen, das sind Joghurt, Dickmilch, Kefir und Quark, sind leicht verdaulich. Achten Sie

darauf, daß diese einen hohen Anteil an L (+) Milchsäure (= rechtsdrehende Milchsäure) enthalten. Ihr Reformhaus führt Heirler-Produkte, die diese Forderung erfüllen.

Milchsäure. Milchsaure Lebensmittel sind bekömmlich und wirken anregend auf die Darmtätigkeit. Die Milchsäuregärung (zum Beispiel bei Sauerkraut) schützt Lebensmittel vor bakterieller Zersetzung. Unser Körper kann nur rechtsdrehende L (+) Milchsäure vollständig verwerten. Die linksdrehende D (−) Milchsäure wird nur zu 50% und wesentlich langsamer ausgenutzt; sie wird größtenteils mit dem Harn zusammen mit Calcium und Ammonium ausgeschieden. Dieser Mineralstoffverlust ist nachteilig, vor allem für Kinder. Größere Mengen von linksdrehender Milchsäure führen zu Belastung des Stoffwechsels bis zur Azidose. Linksdrehende Milchsäure wurde in Krebszellen gefunden.

Durch verseuchte Nahrung ist unsere Darmflora geschädigt. Sie erzeugt Bakterien, die linksdrehende Milchsäure produzieren. Regelmäßiger Genuß von Sauermilchen mit hohem Anteil rechtsdrehender Milchsäure fördert den Aufbau einer gesunden Darmflora.

Milchsäurehaltige Lebensmittel

	L (+)=rechtsdrehende Milchsäure mg/g oder ml	D (−) = linksdrehende Milchsäure mg/g oder ml
Joghurt	4,18	6,73
Sanoghurt v. Heirler	5,44	0,02
Buttermilch	5,5	3,5
Schnittkäse	2,15	2,40
Camembert	3,0	2,8
Sauerkraut	4,05	4,33
Roggenbrot	1,75	1,09
Rohwurst	9,60	8,91

Rezepte zur Herstellung von Sauermilch mit hohem Anteil rechtsdrehender Milchsäure finden Sie auf den Seiten 121 im Rezeptteil.

Buttermilch eignet sich vorzüglich als Zwischenmahlzeit, sie kann mit frisch gepreßten Obst- oder Gemüsesäften vermischt werden (Rezepte Seite 122). Vor allem nervöse Menschen sollten regelmäßig Buttermilch trinken; der hohe Lezithingehalt ist wichtig für den Aufbau und die Funktion der Nervensubstanz.

Quark wird aus pasteurisierter Milch hergestellt unter Mitwirkung von Milchsäurebakterien. Magerquark ist ein hochwertiges Lebensmittel, es enthält 17% Eiweiß, die Vitamine A, B_1, B_2 und C, die Mineralstoffe Phosphor und Calcium und nur 81 kK = 340 kJ/100 g.

Schichtkäse ist ein Frischkäse aus pasteurisierter Milch und in verschiedenen Fettgehaltsstufen erhältlich.

Käse ist in der Vollwertküche ein unentbehrlicher Eiweißspender.

Nüsse enthalten 14–26% vollwertiges Eiweiß. Sie übertreffen damit alle anderen pflanzlichen Lebensmittel mit Ausnahme der Sojabohne. Nüsse sind aber auch fett- und damit kalorienreich (590–680 kcal = 2480–2860 kJ sind in 100 g enthalten).

Hülsenfrüchte enthalten 18–24,5% Eiweiß und viele Vitamine und Mineralstoffe. Sie wirken blähend und sollten nicht am Abend gegessen werden.

Sojabohnen sind Hülsenfrüchte und gehören zu den ältesten Kulturpflanzen der Erde. Sie enthalten:
- 38–46% Eiweiß mit allen lebensnotwendigen Aminosäuren;
- 18–24% Fett mit hohem Linolensäure-Anteil;
- 20–24% Kohlenhydrate, 2% Rohfaser;
- 1,5–3,0% Lecithin;
- 5–6% Mineralstoffe, vor allem Calcium, Phosphor und Eisen;
- Die Vitamine A, D, E, K und B-Vitamine.

Soja ist ein Basenbildner, frei von Cholesterin und purinarm, das heißt: Soja hat keinen wesentlichen Einfluß auf die Harnsäurebildung. Soja ist arm an chemischen Rückständen: Schwermetalle, Herbizide und Pestizide konzentrieren sich im Fettgewebe der Tiere. Fleisch und Fisch enthalten 20mal mehr Rückstände als die Sojabohne, Milchprodukte 4–5mal mehr.

Soja ist preiswert: gemessen an verwertbarem Eiweiß ist Soja halb so teuer wie Hähnchenfleisch.

Soja ist der wichtigste Eiweißlieferant für eine Milliarde Menschen in Fernost.

Für uns ist Soja eine wertvolle Eiweißquelle und ersetzt Fleisch, Milchprodukte und Eier. Wer unter Milch-Allergie oder erhöhtem Cholesterinspiegel leidet, findet in Soja ein diätetisches Lebensmittel.

Soja gibt es als Bohnen, Milch, Tofu (= Soja-Quark), Mehl, Flocken, Teigwaren, Saucen, Wurst, Pasteten, nach Fleischart und als Fertiggerichte.

Getreide deckt 20% unseres Eiweißbedarfs. Im Vollkornbrot sind 6–10% Eiweiß enthalten. Hafer ist eine besonders eiweißreiche Getreidesorte.

Das Basen-Säuren-Gleichgewicht

Eiweiß bildet beim Stoffwechsel zahlreiche Säuren, die das Basen-Säuren-Gleichgewicht im Körper belasten. Die Basen neutralisieren die im Stoffwechsel anfallenden Säuren. Nach Ansicht von Stoffwechselexperten werden viele Krankheiten durch Übersäuerung des Organismus mitverursacht. Eine Übersäuerung des Organismus kann zu Rheuma, Gicht, Stoffwechselleiden, Steinablagerungen und Arterienverkalkung führen.

Säureüberschüssige Lebensmittel sind Fleisch, Fisch, Käse, Eier, Erdnüsse, Hülsenfrüchte (außer Sojabohnen) und stark kohlensäurehaltige Getränke.

Gering säureüberschüssig sind Quark, Hüttenkäse, Voll-Getreide und Walnüsse.

Säureerzeuger sind Zucker, Weißmehl, geschälter und polierter Reis und raffinierte, gehärtete Fette; zu ihrem Abbau muß der Körper Basen liefern.

Basenüberschüssige Lebensmittel sind Gemüse, Salate, Kartoffeln, Kräuter, Obst, Milch, Mandeln und Mineralwasser ohne Kohlensäure.

Das bedeutet für die gesunde Ernährung: Zur Eiweißkost müssen immer genügend basenüberschüssige Lebensmittel gegessen werden; berücksichtigen Sie dies beim Aufstellen Ihres Speiseplans!

Die Fette = Lipide

Sie sind wesentlich ärmer an Sauerstoff als Kohlenhydrate. Sie nehmen daher bei der Verbrennung mehr Sauerstoff auf und liefern dem Körper mehr Energie. 9,3 kcal oder 39 kJ pro g Fett. Die Deutschen verzehren pro Kopf etwa 140 g Fett pro Tag, das sind 1292 kcal = 5400 kJ. Dies ist eine der wesentlichen Ursachen für Übergewicht. Der Erwachsene sollte täglich höchstens 0,9 g Fett pro Kilo Normalgewicht zu sich nehmen, jedoch nicht mehr als 70 g.

Überschüssiges Fett, das durch fehlende körperliche Aktivität nicht verbrannt wird, lagert sich im Unterhautgewebe ab und »ziert« als Fettpolster Bauch und Hüften. In Notzeiten, das heißt beim Fasten, zehrt der Körper von diesen Reserven.

Fette bestehen aus Glyzerin und Fettsäuren; man unterscheidet gesättigte, einfach ungesättigte und mehrfach ungesättigte Fettsäuren. Linol- und Linolensäure sind mehrfach ungesättigte Fettsäuren und lebensnotwendig, da sie der Körper nicht selbst aufbauen kann. Sie müssen täglich mit der Nahrung zugeführt werden. Ungesättigte Fettsäuren sind Bausteine der Zellstrukturen und werden für den Aufbau von Stoffwechselprodukten benötigt. Ein hoher Linolsäuregehalt der Nahrung hat einen positiven Einfluß auf das Immunsystem des menschlichen Körpers.

Linolsäuregehalt in Speisefetten in %	
Butter	2– 8
Haushaltsmargarine	6–25
Pflanzenmargarine	25–35
Reformmargarine	50–55
Kokosfett	1– 3
Olivenöl	4–20
Sojaöl	35–65
Sonnenblumenöl	55–65
Maiskeimöl	34–62
Weizenkeimöl	44–65
Distelöl	76–80

Das Distelöl stammt von der Färberdistel oder Saflorpflanze, sie gedeiht in den Wüsten von Kalifornien und Arizona.

Die Nähr- und Wirkstoffe

Zur Information: Bei der Verarbeitung von 15 t Weizen fällt 1 l Weizenkeimöl an, und für 1 l Maiskeimöl werden 120 000 Keime benötigt!

Für oder gegen die Qualität eines Speisefettes spricht aber nicht nur der Gehalt an mehrfach ungesättigten Fettsäuren, sondern auch die Art der industriellen Verarbeitung. Öl wird in der Regel durch das Lösungsmittelverfahren gewonnen, das heißt, Ölsamen oder -früchte werden mit Lösungsmitteln versetzt, die durch eine anschließende Destillation wieder entzogen werden. Ein die Nährstoffe schonenderes Verfahren stellt das Pressen dar: mit großem Druck wird das Öl aus den Samen und Früchten gepreßt. Die warme Pressung bei 80–90° ermöglicht eine größere Ausbeute, führt jedoch zu einem empfindlichen Nährstoffverlust, bei Vitamin E bis 50%. Da dieses Vitamin die Oxidation des Öls verhindert und somit ein natürlicher Konservierungsstoff ist, muß es dem Öl wieder zugesetzt werden. Beim Kaltpressen wird der Preßvorgang öfters wiederholt, um so eine größere Ausbeute zu erzielen.

Die Bezeichnung »kalt geschlagen« oder »kalt gepreßt« sagt aus, daß das Öl nicht über 40° erwärmt wurde. Kaltgepreßtes Öl aus erster Pressung mit einem hohen Gehalt an hochungesättigten Fettsäuren ist also das qualitativ wertvollste Öl. Verwenden Sie es täglich zur Herstellung von Rohkost und Salaten.

2 Eßlöffel hochwertiges Öl (= 30 g) decken den Tagesbedarf eines Erwachsenen an hochungesättigten Fettsäuren. Wertvolle Pflanzenöle sind empfindlich gegen Licht, Luft und Hitze. Kaufen Sie also nicht auf Vorrat, lagern Sie Öl kühl und dunkel – die ideale Lagertemperatur liegt bei 10° C. Wertvolle Öle dürfen nicht hocherhitzt werden, sonst verändern sie ihre Struktur und werden schwer verdaulich.

Pflanzenmargarine in Reformqualität besteht aus festen Palmkernfett- und Kaltpreßölen. Sie enthält keine synthetischen Vitamine, keine gehärteten = hydrierten oder umgeesterten Fette und ist natriumarm.

Butter ist ein naturbelassenes Fett; sie enthält 2–5% mehrfach ungesättigte Fettsäuren.

Cholesterin ist ein Begleitstoff von Fetten. Der menschliche Körper benötigt es zum Aufbau von Hormonen und dem Gallensaft. Der Cholesterinanteil aus der Nahrung sollte unter 300 mg pro Tag liegen.

Fettsäuren- und Cholesteringehalt von Lebensmitteln

100 g	gesätt. Fettsäure	mehrfach unges. Fettsäure	Cholesterin
Rindfleisch mager	5 g	2 g	100 mg
Schweinefleisch mager	5 g	1 g	90 mg
Reh- und Hirschfleisch	1 g	1 g	110 mg
Brathähnchen	3 g	1 g	53 mg
Hirn	4 g	1 g	3150 mg
Leber	4 g	3 g	250 mg
Schinken	20 g	4 g	400 mg
Forelle, Rotbarsch	1 g	1 g	70 mg
Hering	3 g	3 g	80 mg
Schweineschmalz	41 g	10 g	100 mg
Butter	52 g	2 g	230 mg
Pflanzenmargarine	24 g	24 g	–
Ei (60 g)	2 g	1 g	275 mg
Trinkmilch	2 g	–	11 mg
Speisequark 20% Fett	3 g	–	14 mg
Emmentaler	18 g	1 g	78 mg
Teigwaren	1 g	1 g	118 mg
Milchschokolade	20 g	1 g	74 mg

Denken Sie beim Aufstellen Ihres Speiseplans an die versteckten Fette in Wurst, Käse und vorgefertigten Nahrungsmitteln, vor allem in Backwaren. Berechnen Sie anhand der folgenden Tabelle einmal Ihren Konsum an »versteckten« Fetten.

100 g	Fett in g
Rindfleisch mittelfett	18
Schweinefleisch mittelfett	21
Schinken gekocht	20
Brühwurst (z. B Bierschinken)	10–20
Rotwurst	40–55
Leberwurst	35–50
Mettwurst	50–65
Emmentaler	29
Edelpilzkäse	33
Edamer, Tilsiter	26

100 g	Fett in g
Schmelzkäse	24
Camembert	28
Harzer, Mainzer	2
Quark mager	1
Quark 20%	5
Quark 40%	12

Beim Käse wird der Fettgehalt als »Fett i. Tr.« = Fett in Trockenmasse angegeben. Beim Berechnen muß man vom Gewicht den Wassergehalt abziehen. Beim Emmentaler sind das etwa 36%, beim Camembert 50% und bei Quark 70–80%.
Beispiel:
100 g Emmentaler enthalten 36 g Wasser.
Die Trockenmasse beträgt also 64 g.
45% Fett von 64 g = 29 g
Fett sparen kann man nicht nur bei der Auswahl der Lebensmittel, sondern auch durch die Wahl des Kochgeschirrs und bei der Zubereitung der Speisen. Gemüse wird in wenig Salzwasser gegart und vor dem Anrichten mit Butter oder Pflanzenöl verfeinert. Muß wirklich noch Butter oder Margarine auf das Brot, wenn Käse oder Wurst gegessen wird?
Teflonbeschichtetes Geschirr hilft Koch- und Bratfett sparen. Im Römer- oder Dampfdrucktopf gelingen Gerichte ganz ohne Fett. Aluminiumfolien werden nur sparsam eingeölt; wenn Sie Bratfolien verwenden, kommen Sie ganz ohne Fett aus.

Die Kohlenhydrate

Die Kohlenhydrate entstehen in der Pflanze. Sie sind Energiespender und bilden den Hauptteil unserer Nahrung, etwa 50%. Kohlenhydrate sind – chemisch gesehen – Zucker oder Verbindungen von Zucker. Man unterscheidet
• Einfachzucker = Frucht- und Traubenzucker
• Zweifachzucker = Haushaltszucker, Milch- und Malzzucker
• Vielfachzucker = Stärke (in Getreide und Kartoffeln) und Zellulose

Energie aus Einfachzucker ist im Stoffwechsel schnell verfügbar. Zweifachzucker müssen erst von Enzymen in Einfachzucker zerlegt werden, bevor diese in Energie umgewandelt werden. Auch dieser Vorgang läuft rasch ab.
Einfach- und Zweifachzucker sind also schnelle Energiespender. Wenn diese Energien nicht verbraucht werden, so wird der Zucker, ein kurzkettiges Kohlenhydrat, zu langen Ketten zusammengesetzt und als Glykogen in Muskeln und Leber gespeichert. Sind diese Stärkespeicher gefüllt, wird Stärke in Fett umgewandelt und im Körper als Polster abgelagert.
Einfach- und Zweifachzucker reizen die Bauchspeicheldrüse zur Absonderung von Insulin. Dadurch wird der Blutzucker schnell abgebaut, was ein Schwäche- und Hungergefühl hervorruft. Dies kann auf Dauer zu einer Überbeanspruchung oder Erschöpfung der Insulinzellen führen. Dieser Vorgang erklärt gleichzeitig, warum mit Süßspeisen keine längeranhaltende Sättigung erzielt werden kann. Jedes 5. Kind wird bereits mit der Anlage zur Diabetes geboren.

Haushaltszucker

Ernährungsphysiologen bezeichnen den Haushaltszucker als »leeres Kohlenhydrat«. Er enthält weder Vitamine noch Mineralstoffe. Die Zuckerrübe, aus der Zucker hergestellt wird, enthält zwar Vitamin B_1, welches für den Stoffwechsel von Kohlenhydraten unbedingt erforderlich ist; es wird durch Raffination zerstört.
Dr. Bruker schreibt: »Die Gefahr des Zuckers liegt nicht so sehr in seiner eigenen Vitamin- und Mineralstoffarmut, sondern in seiner Wirkung als Vitaminverbraucher; denn je höher der Zuckergenuß, desto höher der Vitaminbedarf beziehungsweise der Vitaminverbrauch.«
»Saccharidose« nennen die englischen Forscher Cleave und Campbell eine Krankheit, die durch den häufigen Verzehr von Sacchariden (= Auszugsmehl und Zucker) entsteht. Die Saccharidose entwickelt sich im Laufe von 20 Jahren und äußert sich durch folgende Erkrankungen: Diabetes, Herzinfarkt, Fettsucht, Magen- und

Zwölffingerdarmgeschwüre, Karies, Krampfadern, Coli-Infektionen.

Ich empfehle Ihnen, das Buch »Krank durch Zucker« von Dr. med. M. O. Bruker zu lesen.

Zucker ist ein Kalkräuber – das hat der japanische Arzt Dr. Katase festgestellt. Kinder, die viel naschen, haben einen höheren Kalkbedarf und zeigen häufig körperliche Schäden in Form von Knochenerweichungen, -verbiegungen und Wirbelsäulenschäden.

Der Zusammenhang zwischen Zucker und Karies wurde durch zahlreiche wissenschaftliche Untersuchungen in Kinderheimen bewiesen. Zucker fördert die Säurebildung bestimmter Keime in der Mundhöhle, welche den Zahnschmelz angreifen und zerstören. Nordrheinwestfälische Zahnärzte unterbreiteten der Regierung den Vorschlag, auf jeder Packung mit Süßigkeiten einen Schädlichkeitsvermerk anzubringen, ähnlich wie bei Zigaretten. Außerdem sollte in Zeiten, in denen Kinder vor dem Fernsehschirm sitzen, auf Werbung für Süßigkeiten verzichtet werden. Leider sind die Ärzte mit ihren Vorschlägen nicht durchgedrungen.

Dr. Pudel, Privatdozent an der Universität Göttingen und Psychologe, spricht davon, daß das Verlangen nach Zucker von einer mäßigen in eine extreme Abhängigkeit ausarten kann. Dies kann zu leichten bis starken Wesensveränderungen führen, wie Reizbarkeit, Überempfindlichkeit und Stimmungslabilität bis zu Unzuverlässigkeit und zur Abstumpfung des Pflicht-, Takt- und Verantwortungsgefühls.

Im Februar 1981 meldete der Verband der Zuckerindustrie, daß die einheimische Erzeugung zur Bedarfsdeckung nicht mehr ausreicht, weil der Verbrauch stetig steigt. Der Bundesbürger versüßt sich seinen Tag mit 140 g Zucker! Selbst weniger strenge Ernährungsfachleute halten eine Menge von bis zu 60 g gerade noch für unbedenklich.

Für den Umgang mit Zucker sollten Sie folgende Regeln beherzigen:
● Zuckerverbrauch stark einschränken.
● Keinen Vorrat an Süßigkeiten zu Hause haben.
● Süßigkeitsfallen vor Ladenkassen, an Tankstellen, Kiosken und so weiter übersehen.
● Kinder lieber mit Zärtlichkeit und Zeithaben verwöhnen als mit Naschereien.

Einwecken können Sie auch ohne Zucker, und Marmelade läßt sich mit einem Drittel der gewohnten Zuckermenge einkochen, wenn Sie Agar-Agar verwenden (Rezept Seite 128).

Die natürlichen Süßstoffe

Das Bedürfnis nach Süßem läßt sich mit frischen Früchten befriedigen. Im Winter neben Bananen, Äpfeln, Birnen auch mit ungeschwefelten Datteln, Feigen und Dörrobst. »Vollwertköstlich« schmecken getrocknete Pflaumen, die abends in Wasser eingeweicht, morgens im Mixbecher oder mit dem Mixstab püriert und zu Vollkornbrot, Quark, zum Müsli oder Porridge gereicht werden. Ebenso läßt sich Aprikosenmarmelade aus ungeschwefelten Trockenaprikosen zubereiten. Süßen Sie Sauermilch- und Quarkspeisen mit Früchten der Saison und Sie werden Zucker bald nicht mehr vermissen. Würzen Sie Süßes mit Vanille und/oder Ingwer, Zimt und Anis.

Honig ist ein natürlicher Süßstoff. Er enthält Mineralstoffe und die Fermente Diastase und Saccharase, welche Kohlenhydrate spalten und so den Stoffwechsel günstig beeinflussen. Im Honig ist Inhibin enthalten, ein Stoff, der das Wachstum bestimmter schädlicher Bakterien hemmt und die Durchblutung der Herzkranzgefäße anregt. Honig ist eines der »saubersten« Lebensmittel. Da bereits geringe Mengen von Pestiziden für Bienen tödlich sind, stammt der Honig von Pflanzen, die »sauber« sind.

Honig ist leicht verdaulich; seine Zuckerbestandteile – 81% – gehen innerhalb von 8 Minuten ohne Verdauungstätigkeit ins Blut über. Honig ist also ein rascher Energiespender. Und ein altes Hausmittel gegen Erkältungskrankheiten: stündlich warme Milch mit Honig trinken. Achten Sie auf Qualitätsverluste durch unsachgemäße Behandlung beim Abfüllen (Erwärmen auf über 40° und zu lange Lagerung). Wenn Sie

◁ Bunter Sommersalat ist erfrischend an heißen Tagen und erhält die schlanke Linie. Rezept Seite 56.

Honig beim Kochen und Backen erhitzen, verliert er an Qualität.

Die Zeitschrift »test« vergab 1976 fünfmal die Note sehr gut für

- Deutscher Imkerbund Sommerblütenhonig
- Eden-Auslese Bienenhonig
- Nook Honig Auslese
- Schneekoppe Extra Auslese
- Vitaquell Gold Honig Auslese

Wenn Honig auskristallisiert, sollten Sie ihn vorsichtig auf 37–40° erwärmen. Er muß gut verschlossen und dunkel gelagert werden.

Rübensirup ist eingedickter Rübensaft, der nicht chemisch behandelt ist. Er enthält Vitamin B₆ und die Mineralstoffe Calcium, Kalium, Phosphor und Betain, ein Wirkstoff gegen Arteriosklerose und Bluthochdruck. Rübensirup eignet sich hervorragend zum Backen.

Ahornsirup, der von wildwachsenden Ahornbäumen (hauptsächlich in Kanada) gewonnen wird, enthält Vitamine und Mineralstoffe und verleiht Speisen eine aromatische Süße. Versuchen Sie ihn einmal zu Buchweizenpfannkuchen!

Birnendicksaft wird aus Birnen, ohne Zuckerzusatz, hergestellt.

Fruchtzucker wird aus Mais gewonnen und süßt 10–40% stärker als Haushaltszucker, vor allem kalte Speisen und Getränke. Er wird vom Körper insulinunabhängig abgebaut, wenn nicht mehr als 30–50 g pro Tag aufgeteilt in 3 Mahlzeiten verzehrt werden. Gebäck, das zu einem Drittel oder mehr aus Zucker besteht, kann nicht mit Fruchtzucker hergestellt werden, da dieser einen niedrigeren Schmelzpunkt als Haushaltszucker hat.

Vielfachzucker

Unser Streß-Zeitalter erhöht unseren Bedarf an Kohlenhydraten. Dieser Bedarf sollte mit langsam aufschließbaren Polysacchariden wie Stärke und Zellulose gedeckt werden. Der Abbau von Stärke aus Getreide und Kartoffeln ist ein langwieriger Prozeß, da Vielfachzucker erst in Einfachzucker zerlegt werden müssen, um vom Körper aufgenommen zu werden. Somit sättigen diese Lebensmittel langanhaltend und reizen die Bauchspeicheldrüse nicht zu übermäßiger Absonderung von Insulin. Die Zellulose zählt zu den »unverdaulichen Kohlenhydraten«, da der menschliche Körper keine Enzyme besitzt, um sie in Einzelzucker zu spalten.

Getreide – das ist die Frucht bestimmter Gräser. Schon die Steinzeitmenschen ernährten sich damit; sie zogen die Gräser einfach durch die Zähne. Als die Jagd und das Früchte-Sammeln die wachsenden Stämme nicht mehr ernährte, wandten sich unsere Vorfahren dem Ackerbau zu; ihre Kost bestand bis zu 80% aus Getreide. In Ägypten fand man vor kurzem 17 000 Jahre alte Gerstenkörner.

Die Sorten Weizen, Roggen, Hafer, Gerste, Hirse, Mais und Reis sind Züchtungen, die sich durch Klima und Bodenbeschaffenheit entwickelten. So werden in Südostasien Reis, in Mittel- und Südamerika Mais und in Europa vorwiegend Weizen und Roggen angebaut. Getreide ist bis heute das Grundnahrungsmittel fast aller Völker, denn das Getreidekorn enthält alle Nährstoffe, die für die Erhaltung des Lebens und die Bildung neuen Lebens nötig sind.

1621 wurden in Deutschland die ersten Kartoffeln angebaut. Als ab 1740 der Kartoffelanbau durch Friedrich den Großen besonders forciert wurde, verlor das Getreide etwas an Bedeutung.

Die zunehmende Technisierung im 19. Jahrhundert erfaßte auch die Müllerei: Mehl wurde und wird nicht mehr nach Bedarf, sondern im Großen und auf Vorrat gemahlen, wozu es lagerfähig sein muß. Deshalb entfernt man den Keimling und die Randschichten des Getreidekorns, die den ranzigen und muffigen Geschmack des Mehls bei längerer Lagerung verursachen. Aus dem Keimling wird Weizenkeimöl gewonnen, Kleie wird in der Hauptsache als Viehfutter verwertet.

Der Keimling enthält: hochwertiges Protein, Fett mit hohem Anteil an hochungesättigten Fettsäuren, Vitamine B₁, B₂ B₆ und E, Mineralstoffe und Fermente.

Der Mehlkörper enthält: Stärke, Klebereiweiß.

Die Nährschicht enthält: Eiweiß, Fett, Vitamine, Mineralstoffe.

Die Nähr- und Wirkstoffe

Die Fruchtschale enthält: Zellulose, Mineralstoffe.

Die Analyse zeigt, welche essentiellen Nährstoffe auf dem Weg vom Korn zum Auszugsmehl der Type 405 verlorengehen:

Essentielle Nährstoffe	Verlust durch Ausmahlen
Vitamin B_1	86%
Vitamin B_2	69%
Vitamin B_6	50%
Vitamin Niacin	86%
Vitamin E	100%
Mineralstoff Eisen	84%
Mineralstoff Kupfer	75%
Mineralstoff Magnesium	52%
Mineralstoff Mangan	72%
Mineralstoff Kalium	77%

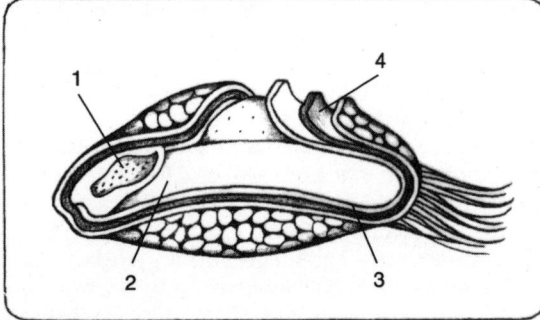

Querschnitt durch ein Weizenkorn:
1 Keimling
2 Mehlkörper
3 Nährschicht
4 Fruchtschale

Welche Folgen hat nun eine ungenügende Versorgung mit diesen Vitaminen und Mineralstoffen für den Menschen?

Mangel an Vitamin B_1 verursacht Kopfschmerzen, Müdigkeit, Schlaflosigkeit, Magen- und Darmstörungen und Kreislaufbeschwerden. Untersuchungen haben ergeben, daß nur 30% der Schulkinder ausreichend mit Vitamin B_1 versorgt werden. Dadurch ist die Lern- und Konzentrationsfähigkeit von 70% der Schulkinder bedroht.

Mangel an Vitamin B_2 kann Schäden an Haut und Schleimhäuten sowie an den Augen zur Folge haben.

Mangel an Vitamin B_6 führt zu Haut- und Nervenschäden.

Mangel an Niacin kann Schleimhauterkrankungen von Mund, Magen oder Darm bewirken, zu Hautverfärbungen und zu psychischen Störungen führen.

Vitamin E bietet Schutz vor Muskelschwund und Leberschäden. Es ist das »Fruchtbarkeitsvitamin« und wird von Geriatrikern als »Altersbremse« bezeichnet.

Eisenmangel verursacht Blutarmut. Der Ernährungsbericht 1980 stellt fest, daß besonders Frauen und Jugendliche zu wenig Eisen haben.

Kupfer benötigt der Körper zur Bildung des roten Blutfarbstoffes.

Magnesiummangel kann Muskelzittern und Muskelkrämpfe auslösen und zur Verkalkung der Blutgefäße und Nieren führen.

Mangan ist ein Bestandteil der Enzyme. Das sind Eiweißstoffe, die Reaktionen im Körper ermöglichen.

Kaliummangel verursacht allgemeine Schwäche und Übelkeit und führt zu Störungen der Herzfunktion.

Eine Frage an Sie: Wer von uns leidet nicht an einem dieser Symptome? Ich denke dabei auch an unsere Kinder: Sind Konzentrationsschwäche, fehlende Ausdauer und der vielzitierte Schulstreß nicht auch auf Mangelernährung zurückzuführen?!

Am Physikalisch-Chemischen Institut der Stadt Hamburg wurden vor einigen Jahren essentielle Nährstoffe im Keim und in den Randschichten von Getreidekörnern entdeckt, die bisher unbekannt waren. Das heißt, wenn es heute noch unentdeckte Nährstoffe gibt, dann sind die von der Industrie gepriesenen Vitaminpillen niemals Alternativen für vollwertige Ernährung!

Die Typenzahl des Mehls kennzeichnet den Ausmahlungsgrad und gibt Aufschluß darüber, wie wertvoll (-los) das Mehl ist: sie gibt den Mineralstoffgehalt in mg je 100 g Mehl an. Je mehr Inhaltsstoffe, desto höher die Typenzahl.

Die Nähr- und Wirkstoffe

Weizenmehl 100 g	Mineralstoffgehalt in mg	Ausmahlungsgrad in %
Type 405	405	40
Type 550	550	69
Type 1050	1050	85
Type 1700	1700	100

Nicht die Farbe des Mehls ist entscheidend, sondern der Ausmahlungsgrad!
Wenn Sie Getreide unmittelbar vor der Zubereitung mahlen, ist es am wertvollsten. Gleich nach dem Mahlvorgang beginnt ein Oxidationsprozeß, der nach etwa 6 Wochen abgeschlossen ist. In dieser Zeit verliert das Mahlprodukt laufend an Wert.
Vollkornnahrung könnte aber noch eine andere wichtige Versorgungslücke schließen.
1980 betrug der Rohfaser-Verzehr der Bevölkerung 6,3 g/Tag; das ist um 40% zu wenig!
Zellulose stammt aus den Zellwänden der Pflanze und ist für den Körper unverwertbar. Der menschliche Körper besitzt keine Enzyme, um die Zellulose in Einzelzucker zu spalten. Moderne Ernährungsforscher bewerten Ballaststoffe fast ebenso wie Vitamine und Mineralstoffe, denn viele Zivilisationskrankheiten und der Ballaststoffmangel der Nahrung stehen in einem engen Zusammenhang. Zu diesen Krankheiten gehören
chronische Verstopfung,
Darmkrebs,
Stoffwechsel-, Gefäßkrankheiten,
Herzinfarkt
Ballaststoffreiche Lebensmittel sind Vollkorn, Gemüse, Hülsenfrüchte, Obst und Nüsse.
Nahrungsmittel wie Brote und Gebäck aus Auszugsmehl enthalten kaum Ballaststoffe; Zucker, Fleisch, Fisch, Wurst, Käse und Eier sind ohne Ballaststoff.
In den USA erwägt man den Zusatz von Ballaststoffen zum Speiseeis, um die Gesundheit der Bevölkerung zu verbessern!
Der amerikanische Arzt und Wissenschaftler Dr. D. Reuben beschreibt in seinem Buch »Diät, die das Leben rettet vor Krebs, Infarkt und anderen Zivilisationskrankheiten!« eine Studie englischer Wissenschaftler. Diese vergleichen das Ernährungs- und Verdauungsverhalten von afrikanischen Dorfbewohnern mit dem der Engländer. Die Afrikaner produzieren 450 g Stuhl pro Tag, die Engländer nur 100 g. Der Stuhl der Afrikaner ist lose, weich, fast geruchlos. Zum Vergleich der Stuhl der Engländer: hart, zusammengepreßt, übelriechend. Die Afrikaner scheiden unverdauliche Restbestände innerhalb von 24 Stunden aus; die Engländer brauchen dazu 3 Tage, im Einzelfall bis zu 2 Wochen.
Aber – die Dorfbewohner essen dreimal so viel Zellulose wie die englischen Versuchspersonen. Viele Erkrankungen sind bei ihnen unbekannt oder äußerst selten:
Infarkt, Darmkrebs, Blinddarmentzündung, Hämorrhoiden, Krampfadern, Venenentzündung, Thrombosen, Übergewicht.
Als ein Teil der Dorfbewohner in afrikanische Städte zieht und die Zivilisationskost der Städter übernimmt, treten bei ihnen die üblichen Zivilisationskrankheiten auf.
Was bewirken Ballaststoffe?
• Sie quellen auf, füllen Magen und Darm und sorgen so für eine langanhaltende Sättigung,
• sie verbrauchen beim Stoffwechsel Energie, sind deshalb Schlankmacher,
• sie binden Schad- und Fäulnisstoffe,
• sie sorgen für einen geschmeidigen Stuhl,
• sie verkürzen die Durchgangszeiten im Darm,
• sie begünstigen eine harmonische Darmbakteriengemeinschaft, denn: der Mensch ist so gesund wie sein Darm!
• Sie besitzen die Fähigkeit, Cholesterin im Darm zu binden; so verhindern sie die Anhäufung von Cholesterin im Körper und vermeiden Gefäßschäden.
• Die geregelte Verdauung entschlackt das Bindegewebe und strafft die Gesichtskonturen. Als Gast auf einer Schönheitsfarm werden Sie zuerst auf Ihre Verdauung angesprochen. Die anschließende Zusammenstellung der Ernährung entspricht den Regeln einer ballaststoffreichen Vollwerternährung. Denn Schönheitsspezialisten wissen, wie wichtig das für Ihr Aussehen ist!

Essen Sie Gemüse zum Teil als Rohkost. Der Anteil an Rohkost sollte mindestens 10% betragen; steigern Sie ihn langsam auf 30%. Bereiten Sie Rohkost aus Getreide, Gemüse, Kräutern, Obst und Nüssen zu. Essen Sie Rohkost vor der gekochten Mahlzeit.

McCorrison fütterte Affen mit der von ihnen gewohnten Kost, bereitete diese aber im Dampftopf zu. Die Affen erkrankten daraufhin an einer Schrumpfung der Hormondrüsen, an Magen- und Darmgeschwüren; manche Tiere verendeten. O. Stiner unternahm einen ähnlichen Versuch mit Meerschweinchen. Diese erkrankten an Karies, Kropf, Blutarmut, Skorbut, Lungenkrebs und deformierenden Gelenkentzündungen.

Grüne Salate und Gemüse enthalten Chlorophyll, den grünen Pflanzenfarbstoff. Dieser steigert die Blutfarbstoffbildung und die Menge der roten Blutkörperchen. Er regt Herztätigkeit, Stoffwechsel und Darmtätigkeit an, vermehrt die Wasserausscheidung, führt zu frischem Atem und angenehmem Körpergeruch.

Die Rohkost sollte so zusammengestellt sein, daß zu einer Mahlzeit gleichzeitig ein Gemüse, das über der Erde wächst mit einem Gemüse, das unter der Erde wächst, kombiniert wird.

Im Frühjahr zum Beispiel: Radieschen + Kresse, Zwiebel + Spinat, Möhre + Apfel.

Im Sommer: Rettich + Gurke, Möhre + Lauch, Radieschen + Schnittsalat.

Im Herbst und Winter: rote Bete + Weißkohl, Sellerie + Apfel, Zwiebel + Orange.

Rohes Gemüse ist besser verträglich als rohes Obst.

Im Winter bevorzugen Sie
• Gemüse, das im Freien, im Keller oder in der Miete gelagert wird, also Kartoffeln, Zwiebeln, Knoblauch, Meerrettich, Möhren, Rettich, Kohl, Schwarzwurzeln, Sellerie und rote Bete,
• tiefgefrorene Gemüse,
• durch Milchsäuregärung haltbar gemachte Gemüse und
• Trockengemüse wie Bohnen, Erbsen, Linsen und Kichererbsen.

Kresse, Meerrettich, Knoblauch und Zwiebeln enthalten bakterien- und virenfeindliche Wirkstoffe, die Schädlinge im Darm und in den Harnwegen bekämpfen. Sorgen Sie dafür, daß täglich eines dieser Gemüse roh auf Ihrem Speiseplan steht. Rohe geriebene Zwiebeln sind ein pikanter Bestandteil von Salatsaucen. Kresse läßt sich zu jeder Jahreszeit in einer Blumenschale oder im Keimapparat ziehen.

Wenn Sie, aus welchen Gründen auch immer, Ihre Ernährung nicht auf ballaststoffreiche Vollkorn- und Gemüsegerichte umstellen können, sollten Sie zur Anreicherung Ihrer Kost Weizenkleie und Leinsamen verwenden.

Weizenkleie, aus den Randschichten des Weizens gewonnen, ist geschmacksneutral und sollte täglich in einer Menge von 2–4 Eßlöffeln eingenommen werden. Wichtig ist, daß Sie dabei viel trinken, sonst erreichen Sie eher das Gegenteil, denn quellen kann Kleie nur mit Flüssigkeit! Kleie eignet sich als Zugabe zum Müsli, zu Sauermilchspeisen und zum Panieren von Gemüse und Fleisch anstelle von Semmelbröseln.

Leinsamen sind ein Quellmittel, das die Eigentätigkeit des Darmes anregt. Schleimstoffe sorgen für eine leichte Entleerung. Da Leinsamen mehrfach ungesättigte Fettsäuren enthalten, führen Sie dem Körper zusätzlich wertvolle Nährstoffe zu. Leinsamen schmecken zum Müsli, über Gemüse- und Obstsalate, zu Sauermilch- und Quarkspeisen und in Brot und Brötchen. Auch hier gilt: reichlich trinken!

Die Vitamine

Vitamine sind Wirkstoffe und essentielle Nahrungsbestandteile. Sie üben Schutz- und Reglerfunktionen aus, sie sorgen für die bestmögliche Ausnutzung der Nahrung und für das Funktionieren des gesamten Stoffwechsels.

Man unterscheidet die wasserlöslichen Vitamine B_1, B_2, Niacin, B_6, B_{12} und C von den fettlöslichen Vitaminen A, D, E und K.

Wasserlösliche Vitamine sind in Obst, Gemüsen, Getreide, Kartoffeln und im Fleisch enthalten, fettlösliche finden sich vor allem in Speisefetten, Innereien, Milch und Ei. Fehlen ein oder mehrere

Die Nähr- und Wirkstoffe

Vitamine längere Zeit in der Nahrung, so kommt es zu Störungen der Stoffwechselfunktionen, zu Leistungshemmung, Wachstumsstörung und Anfälligkeit gegen Infektionskrankheiten.

In der »Ernährungsrundschau« erschien 1978 folgende Tabelle:

Mangelversorgung der Bevölkerung mit Nährstoffen (Auszug)

Vitamin B_1	92%
Panthotensäure	81%
Vitamin B_2	73%
Folsäure	40%

Auch der Bericht der Deutschen Gesellschaft für Ernährung von 1980 kommt zu dem Schluß, daß wir uns vor allem mit den Vitaminen B_1, B_2, B_6 und Folsäure »mangelernähren«.

Vitamin B_1 ist in Hefe, Nüssen, Getreide, Fleisch, Leber und Gemüse enthalten,

Vitamin B_2 in Milch, Käse, Getreide und Hülsenfrüchten,

Panthothensäure in Hefe, Weizen, Kartoffeln, Spinat und Leber,

Folsäure in Milch, Gemüse, Obst, Fleisch und Leber.

Das bedeutet: Täglich Vollkorn. Gemüse zum Teil als Rohkost; Kartoffeln, Obst, Nüsse und Milchprodukte. Fleisch und Fisch sollte Beikost sein.

Edelhefe oder Bierhefe dient zur Aufwertung von »Auszugsnahrung«. Sie wird aus dem Malzzucker der Gerste gebildet und ist reich an Vitamin B_1 (30 mg/100 g). Bierhefe enthält außerdem die Vitamine B_2, B_6 und Niacin, 16 Aminosäuren, 14 Mineralstoffe und Lecithin. Edelhefe zählt zu den purinreichen, das heißt harnsäurebildenden Lebensmitteln. Die Tagesmenge eines Erwachsenen von 5 g = 1 Eßlöffel ist aber für den stoffwechselgesunden Menschen unbedenklich. Hefe würzt Suppen, Saucen, Gemüse, Rohkost und Quark; aber bitte nicht mitkochen!

Weizenkeime enthalten 28% leichtverdauliches Eiweiß mit allen lebenswichtigen Aminosäuren, viele Vitamine – der Vitamin B_1-Gehalt beträgt 1,5–2,5 mg/100 g – und viele Mineralstoffe, besonders Kalium, Magnesium und Eisen.

Sanddorn ist reich an Vitamin C. Der Saft eignet sich zur Herstellung von Limonaden, Milchmixgetränken und für die Zubereitung von Müsli und Sauermilchspeisen.

Mineralstoffe und Spurenelemente

Sie sind die Baustoffe von Knochen und Zähnen und für die Blutbildung sowie den Wasserhaushalt des Körpers lebensnotwendig. Mineralstoffe und Spurenelemente müssen dem Körper täglich mit einer ausgewogenen Kost zugeführt werden, denn beim Verlust von Körpersekreten wie Blut, Schweiß, Speichel, Harn und Stuhl tritt gleichzeitig ein Mineralstoffverlust ein.

Die Deutsche Gesellschaft für Ernährung stellt fest, daß es uns vor allem an den Mineralstoffen Calcium und Eisen mangelt. Besonders mangelernährt sind Frauen und Kinder.

Calcium ist unentbehrlich als Baustoff für Knochen und Zähne, für die Blutgerinnung, für die Nerven und Muskelfunktionen. Der Tagesbedarf eines Erwachsenen beträgt 0,7–0,8 g und wird durch 600 ml Vollmilch oder knapp 100 g Hartkäse gedeckt. Calciumreiche Lebensmittel sind außerdem Gemüse- und Vollkornprodukte.

Eisen ist ein Bestandteil des Blutfarbstoffes. Der tägliche Bedarf eines Erwachsenen liegt bei 18 mg; Männer aber nehmen im Durchschnitt nur 14,8 mg, Frauen sogar nur 11,1 mg zu sich. Der Berner Professor Kieffer berichtet, daß Frauen den durch den monatlichen Blutverlust bedingten hohen Bedarf an Eisen nicht ausreichend ersetzen. Der tägliche Eisenbedarf kann gedeckt werden, wenn die Nahrung genügend Frischkost und Vollkornprodukte beinhaltet.

Eisengehalt pro 100 g:

Bierhefe	17,6	mg
Leber	10–20	mg
Schnittlauch	13	mg
Spinat	5,2	mg
Knäckebrot	4,7	mg
Haferflocken	3,6	mg
mageres Rindfleisch	3,0	mg
mageres Schweinefleisch	2,0	mg
Feldsalat	1,9	mg
Endiviensalat	1,1	mg

Die Nähr- und Wirkstoffe

Kalium ist in allen Trockenfrüchten, Bananen, Bohnen, Erbsen und Petersilie enthalten. An Kaliummangel leiden Alkoholiker, Menschen, die ständig Abführmittel nehmen, Diabetiker und Leute, die unter Streß stehen. Kaliummangel äußert sich in Appetitlosigkeit, Muskelschwäche, Herzbeschwerden, Nierenfunktionsstörungen und Konzentrationsschwäche.

Magnesium ist nicht nur ein Herzschutzfaktor, da die Gefahr eines Herzinfarktes bei niedrigen Magnesiumwerten entscheidend höher ist. Magnesiummangel macht auch empfindlich gegen Lärm; langfristiger Magnesiummangel kann sogar zu einem verfrühten Nachlassen des Hörvermögens führen. Es besteht auch ein Zusammenhang zwischen Streß und Magnesiumdefizit: unter Streß verringert sich das zelluläre Magnesium, dies führt zu einer verstärkten Streßreaktion – ein Teufelskreis! Magnesium ist enthalten in Gemüse, Milch, Eiern, Vollkornprodukten, Beerenfrüchten, Nüssen, Hefe und Leinsamen. Magnesiumreiche Ernährung garantiert glatte Haut, gesunde Zähne, glänzende Haare und stabile Fingernägel.

Kochsalz: Ein wichtiges Kapitel ist das Kochsalz = NaCl. Der tägliche Bedarf liegt bei 2–3 g, wir nehmen jedoch durchschnittlich 15 g zu uns. 20% der Deutschen reagieren auf die überhöhte Kochsalzzufuhr mit Blutdruckerhöhung. Übergewichtige sind besonders gefährdet, da sie mit verstärkter Nahrungsaufnahme auch mehr Kochsalz zuführen.

Sparen Sie Salz und würzen Sie Salate mit Obstessig oder Zitronensaft, frischen Kräutern, Knoblauch und Zwiebel;

Gemüse mit Muskat, Kümmel, Liebstöckel, Bohnenkraut, Kerbel, Pfeffer und Paprika;

Fleisch mit Pfeffer, Paprika, Majoran, Thymian, Zwiebel, Knoblauch, Meerrettich.

Verwenden Sie für Salat und Gemüse Knoblauch- und Selleriesalz, für Fleisch Knoblauchsalz.

Denken Sie an »verstecktes« Salz
- ca. 1% in Wurst und Käse
- 2,5% im rohen Schinken
- 0,5% im Brot

Für kochsalzlose oder -arme Diät ist Sina-Salz geeignet, es enthält statt Natrium- Kaliumsalze und ist in Apotheken erhältlich.

Durch regelmäßige Medikamenteneinnahme – 19% der Deutschen sind davon betroffen – schnellt der Bedarf an Vitaminen und Mineralstoffen in die Höhe. Frauen, die regelmäßig die Pille nehmen, leiden häufig an einem Mangel an Vitamin B_6, Folsäure und Eisen. Gefährdet sind außerdem
- Zuckerkranke,
- Bluthochdruck-, Herz- und Kreislaufkranke,
- Rheumakranke,
- Kranke, die an Abführmittel gewöhnt sind.

Besonders empfindlich auf regelmäßige Medikamenteneinnahme reagieren Vitamin B_6, Folsäure, Vitamin C, Calcium und Kalium.

Vitamine und Mineralstoffe können durch unsachgemäße Aufbewahrung oder falsche Zubereitung von Lebensmitteln verlorengehen.

Vitamine sind empfindlich gegen Licht, Luft und Wärme; die Vitamine B und C und die Mineralstoffe sind wasserlöslich. Das bedeutet: kurze und kühle Lagerung; bei Zimmertemperatur vermehren sich auch Keime und Mikro-Organismen rasch.

Grünkohl verliert nach 1 Tag bei Zimmertemperatur 40% seines Vitamin-C-Gehalts, Kopfsalat nach 3 Tagen 100%.

Salat abbrausen, abtropfen lassen, in Papier einschlagen und im Gemüsefach aufbewahren.

Gemüse in mit Löchern versehene Plastiktüten geben und im Gemüsefach des Kühlschrankes aufbewahren, mit Ausnahme von Tomaten, Kartoffeln und Zwiebeln.

Obst: Vollreifes Obst gehört ins Gemüsefach des Kühlschrankes, nicht ausgereiftes soll bei Zimmertemperatur aufbewahrt werden. Bananen dürfen nicht in den Kühlschrank.

Kräuter zuerst waschen, dann im Schraubverschlußglas im Kühlschrank aufbewahren oder in einen Plastikbeutel geben, diesen aufblasen, zubinden und in den Kühlschrank legen.

Notieren Sie sich die Anlieferungstage der Geschäfte in Ihrer Umgebung, damit Sie Obst und Gemüse möglichst frisch kaufen können.

Die Nähr- und Wirkstoffe

Obst und Gemüse erst waschen, dann zerkleinern. In wenig Wasser, so kurz und bei so geringer Hitze wie möglich garen.

Verwenden Sie die Kochflüssigkeit mit oder bereiten Sie eine Suppe oder einen Cocktail daraus zu, Rezepte Seite 49 und 60.

Wählen Sie die schonendste Garmethode:

Vitamin-C-Verlust in % beim	Dünsten	Dämpfen	Kochen
Blumenkohl	–	22	24
Buschbohnen	36	30	43
Gemüseerbsen	26	41	40
Rosenkohl	34	30	35
Spinat	35	50	–
Weißkohl	40	–	65

Dünsten ist Garen im eigenen Saft unter Zugabe von wenig Flüssigkeit.

Dämpfen ist Garen in Wasserdampf. Das Gargut liegt dabei in einem Siebeinsatz.

Eine besonders schonende Methode ist das Garziehen von Gemüsen oder das Quellen von Getreide.

Schnellkochtopf: Das Garen spart Zeit und Energie und schont die Nährstoffe. Gemüse, Obst und Kartoffeln müssen jedoch bei geringem Druck und niedriger Temperatur gegart werden, auch wenn es länger dauert.

Der Vitamin-C-Verlust ist bei einem Druck von 0,2–0,5 atü 10% niedriger als beim Garen im Topf, bei 0,8–1,0 atü 10% höher.

Mit Hilfe von Aluminiumfolie kann man Gemüse besonders nährstoffschonend garen. Dazu bepinseln Sie die glänzende Seite der Folie dünn mit Öl. Wichtig ist, daß Sie das Folienpaket gut verschließen. Dies kann nun im Topf, in der Pfanne, unter dem Grill oder im Backofen zubereitet werden. In Alufolie gegarte Speisen haben eine um 30% längere Garzeit.

Eine nährstoff-feindliche Angewohnheit ist das Warmhalten von Speisen, wenn zum Beispiel die Familienmitglieder nicht alle gleichzeitig essen können.

Vitamin-C-Verlust beim Warmhalten von Blumenkohl:

nach 15 Minuten   36%
nach 30 Minuten   47%
nach 60 Minuten   56%

Es ist besser, das Essen kühl zu stellen und aufzuwärmen, aber bitte jede Portion nur einmal!

Wasser

Wasser ist das Transportmittel für Eiweiß, Fett, Kohlenhydrate, Vitamine und Mineralstoffe. Alle Stoffwechselvorgänge können nur mit Hilfe von Wasser ablaufen. Unser Körper besteht zu 65% aus Wasser. Flüssigkeitsmangel verursacht Kopfschmerz, Übelkeit, Leistungsminderung, Abgespanntheit und unangenehmen Körpergeruch.

Besonders wichtig ist eine reichliche Flüssigkeitszufuhr bei kalorienreduzierter Kost. Die Nieren können die Ketonkörper als Abfallprodukte nur ausschwemmen, wenn genügend getrunken

Die Nähr- und Wirkstoffe

wird. Zu geringe Flüssigkeitsaufnahme kann zur Übersäuerung des Organismus führen, da die Säuren- und Schlackenausschwemmung über Nieren, Darm, Haut und Lunge verhindert wird.

Der Erwachsene benötigt täglich 35 ml pro kg Körpergewicht, das entspricht bei einem Erwachsenen mit 65 kg einer Flüssigkeitsmenge von $2^1/4$ l. Der Bedarf steigt bei erhöhter Körpertemperatur, bei hohen Außentemperaturen und bei körperlicher Aktivität.

Kinder haben einen wesentlich höheren Flüssigkeitsbedarf. Kinder vom 1. bis 3. Lebensjahr benötigen 120 ml Flüssigkeit pro kg Körpergewicht, vom 4. bis 6. Lebensjahr 105 ml/kg. Ungeeignet zum Durstlöschen sind die meisten käuflichen Getränke, da sie zu viel Zucker, zum Teil Koffein und zu wenig Nährstoffe enthalten. Milch sollte immer am Ende einer Mahlzeit getrunken werden, denn der Milchbestandteil Kasein gerinnt im Magen und bindet den appetitfördernden Magensaft.

Im Alter tritt Durst bei einer anderen Salzkonzentration auf als in der Jugend, wodurch das Durstgefühl vermindert wird. Alte Menschen trinken meist viel zu wenig und manche Alterserscheinung ist nur eine Folge falscher oder fehlender Trinkgewohnheiten.

Im Durchschnitt verliert der Mensch täglich 2 l Flüssigkeit durch die Haut, die Lunge, die Nieren und den Darm. Mit einer normalen Mischkost nimmt er etwa $3/4$ l Flüssigkeit zu sich. Vor allem Obst und Gemüse enthalten viel Wasser (Gurken zum Beispiel 97% und Äpfel 86%).

Der Restbedarf von $1^1/4$–$1^1/2$ l muß mit Getränken gedeckt werden. Bohnenkaffee und schwarzer Tee sind Genußmittel und sollten in Maßen getrunken werden. Koffein wirkt im Tierversuch krebserregend. Krebserkrankungen treten bei Mitgliedern einer amerikanischen Sekte, die weder Kaffee noch schwarzen Tee trinken, deutlich weniger auf als bei der übrigen amerikanischen Bevölkerung.

Alkoholische Getränke sind oft sehr kalorienreich. So hat ein halber Liter Export-Bier 245 kcal = 1030 kJ, dieselbe Menge Weißwein enthält schon 325 kcal = 1365 kJ.

Alkohol schadet der Haut, da er dem Gewebe Feuchtigkeit entzieht. Die Haut wird feuchtigkeitsärmer und neigt eher zur Faltenbildung.

Fruchtsäfte bestehen zu 100% aus Früchten oder aus Fruchtsaftkonzentrat, das mit Wasser aufbereitet und mit bis zu 15 g Zucker pro Liter Saft angereichert werden darf.

Frucht-Nektar dagegen enthält nur 25–50% Frucht oder Fruchtfleisch und Fruchtsaftgetränke haben nur noch einen Mindestfruchtanteil von 6% bei Zitrusfrüchten und von 30% bei Apfelsaftgetränken. Der Rest besteht aus Wasser, Zucker und künstlichen Aromastoffen. Die Süddeutsche Zeitung schrieb, daß bei einer stichprobenartigen Überprüfung durch das hessische Sozialministerium zwei Drittel der angebotenen Obstsäfte beanstandet wurden und zwar vor allem Billigsäfte aus Zitrusfrüchten. Sie bestehen teilweise aus einem Löffel Fruchtsirup und Leitungswasser. Ein Teil der Säfte war verunreinigt und 10% hätten überhaupt nicht zum Verkauf angeboten werden dürfen.

Limonaden haben 500–600 kcal pro Liter und enthalten 100–140 g Zucker, das entspricht einer Menge von 40–55 Stück Würfelzucker!

Was aber trinken?

Versuchen Sie einmal Kräutertee, kalt oder heiß, je nach Jahreszeit, eventuell mit Zitronen- oder Orangensaft, ungesüßt oder mit Honig. Besonders aromatisch schmeckt Apfeltee (dieser kann aus den getrockneten Schalen ungespritzter Äpfel selbst hergestellt werden), Orangenblütentee, Melissen- und Fliedertee.

Gesunde Durstlöscher sind: Mineralwasser, mineralarmes Wasser, natürlicher Sprudel, Säuerling, stilles Wasser, Bitterwasser und Heilwasser. Die darin enthaltene Kohlensäure erweitert die Blutgefäße, verbessert die Herzleistung und regt die Darmtätigkeit an. Mineralstoffe und Spurenelemente versorgen den Körper mit lebensnotwendigen Stoffen.

Selterswasser oder Sodawasser wird aus Salzen, Kohlensäure und Leitungswasser hergestellt.

Nützen Sie Obst- und Gemüseschwemmen aus und bereiten Sie Frucht- und Gemüsesäfte zu. Stellen Sie Ihre Limonaden selbst her aus Zitronensaft oder Sanddorn, Honig und Wasser.

Grundregeln für die Ernährung

Der richtige Weg

Bedenken Sie, daß zu einer gesunden Ernährung nicht nur das »was« zählt, sondern auch das »wie«.

Zum Essen braucht man Zeit

Essen ist keine Nebenbeschäftigung! Nehmen Sie kleine Bissen zu sich und kauen Sie jeden bis zu dreißigmal. Um sich dieses gesunde Eßverhalten anzugewöhnen, ist es am Anfang nötig, daß Sie mitzählen. Durch gründliches Kauen verändert sich der Geschmack der Speisen, vor allem der Geschmack stärkehaltiger Lebensmittel.

Ungenügend gekaute und eingespeichelte Kost macht Beschwerden. Der Speichel enthält ein Enzym, das Stärke abbaut. Wird durch Hinunterschlingen dieser Verdauungsvorgang übergangen, so gelangt mangelhaft Verdautes in den Darm. Die Folgen: ein unvollkommener, langwieriger Verdauungsprozeß, Blähungen und Müdigkeit!

Ernährungsfachleute empfehlen 4–5 kleine statt 3 große Mahlzeiten. Diese entlasten die Stoffwechselorgane und verringern die Gefahr von Übergewicht. Trinken Sie zwischen zwei Mahlzeiten und nicht oder nur wenig während der Mahlzeiten.

Nehmen Sie Ihre letzte Mahlzeit so früh wie möglich ein. Die Nahrungsmenge sollte gering sein und leichte Nahrung bevorzugt werden. Nachts soll der Darm eine Ruhepause machen; spät gegessene gärungsfreudige Kost verursacht Völlegefühl, Blähungen, Müdigkeit und einen Reizzustand des vegetativen Nervensystems.

Warum Kalorienangaben fehlen

In den vergangenen Jahren – als Folge der Freßwelle – wurde die Nahrung nach der darin enthaltenen Energiemenge beurteilt. Wenn Sie sich natürlich, gesund und vollwertig ernähren wollen, müssen Sie die Lebensmittel nach ihrem Gehalt an lebensnotwendigen Nährstoffen beurteilen.

Wenn Sie bereits zu viel auf die Waage bringen, sollten Sie konsequent eine Reduktionsdiät durchführen: Verzichten Sie in dieser Zeit ganz auf Süßigkeiten, auch auf Honig, auf Alkohol und Kaffee. Lassen Sie die letzte (Abend-) Mahlzeit ausfallen. Bevorzugen Sie Magerquark, Rohkost mit wertvollem Pflanzenöl und Vollkornbrot. Und trinken Sie reichlich kalorienfreie Getränke wie Mineralwasser und Fruchttees. Überlegen Sie in »schwachen« Stunden, ob Sie Hunger oder Appetit haben und werden Sie sich des Unterschieds bewußt! Appetit läßt sich mit Ablenkung kurieren: Statt Pizzaessen ins Kino, zum Kegeln oder zum Schwimmen gehen!

Figurfreundlich und gesund – nicht nur für Übergewichtige – ist ein Entlastungstag pro Woche. Eine Kurzdiät entlastet die Verdauungsorgane, entschlackt, entwässert, regt die Darmtätigkeit an und wirkt gewichtsreduzierend.

Sie können wählen zwischen einem

Obsttag: Verteilen Sie 3 Pfund Obst auf 5 Mahlzeiten. Verboten sind Bananen, Weintrauben, Trockenfrüchte und Nüsse.

Reistag: Kochen Sie 300 g Naturreis in Wasser, ohne Zugabe von Salz oder Zucker. Essen Sie ihn in 5 Portionen über den Tag verteilt mit ungesüßtem Apfelkompott.

Molketag: Man trinkt über den Tag verteilt 1–1$\frac{1}{2}$ l Kurmolke (im Reformhaus erhältlich) in kleinen Schlucken.

Wichtig für jede dieser Kurzkuren: reichlich trinken! Verzichten Sie an diesem Tag auf Alkohol, Kaffee und schwarzen Tee.

Und deshalb fehlen Fleisch- und Fischrezepte

Um sich vollwertig zu ernähren, müssen Sie keineswegs zum Vegetarier werden. Sie sollten Ihren Fleischkonsum nur einschränken! Vollständige Mahlzeiten mit Fleisch und Fisch zusammenzustellen ist kein Problem. Den meisten fällt aber zu einer fleischlosen Mahlzeit höchstens ein süßer Auflauf ein. Deshalb finden Sie hier zahlreiche Vorschläge für lactovegetabile Mahlzeiten, also die Kombination von Getreide, Gemüse und Kartoffeln mit Quark, Käse und Soja.

Nun brauchen Sie aber nicht zu befürchten, daß diese Ernährung teurer sein wird als die bisherige. Im Vollwert-Kuchenlexikon erfahren Sie Näheres über Lebensmittel, die ausschließlich in Reformhäusern oder Naturkostläden angeboten werden. Alles andere für den täglichen Bedarf können Sie durchaus nach wie vor beim Lebensmittelhändler kaufen, wenn Sie dabei das bisher Gelesene berücksichtigen.

Nun wünsche ich Ihnen gutes Gelingen der Rezepte. Eventuell sollten Sie während der Umstellung auf ballaststoffreiche Vitalkost einige Wochen auf Süßes – auch auf Honig und Sirup – verzichten. Wie ich schon im Vorwort gesagt habe, werden Sie für diesen »Verzicht« durch Wohlbefinden belohnt. Verwenden Sie aber nur frische und hochwertige Zutaten. Kartoffeln mit Quark können eine einfallslose Kost oder eine Delikatesse sein! Kaufen Sie die geeignete Kartoffelsorte offen beim Gemüsehändler oder -bauern und keine schwitzenden Knollen im Plastiksack. Verrühren Sie Quark oder selbst zubereiteten Weißkäse mit Sahne, frisch geriebenem Meerrettich und frischen Kräutern. Verwenden und verstehen Sie die nachstehenden Rezepte als Anregung für gesundheitsbewußtes Kochen. Kreieren und erfinden Sie Rezepte nach Ihrem Geschmack und nach den Wünschen und Bedürfnissen Ihrer Familie.

10 Grundregeln für biologisch vollwertige Ernährung

1. Vermeiden Sie industriell vorgefertigte, chemisch konservierte und geschönte Nahrungsmittel und bevorzugen Sie Lebensmittel. Beurteilen Sie Ihre Nahrung nicht nur nach dem Kalorien- oder Joule-Gehalt, sondern nach dem Gehalt an lebensnotwendigen Nährstoffen.

2. Ersetzen Sie Weißmehl- durch Vollkornprodukte, kochen und backen Sie mit Vollkornmehl.

3. Zucker ist ein Gewürz! Vermeiden Sie Fabrikzucker und bauen Sie die Sucht nach Süßem ab. Verwenden Sie natürliche Süßstoffe wie Honig, Sirup, Dicksaft, frische Früchte und ungeschwefelte Trockenfrüchte.

4. Vermeiden Sie raffinierte, gehärtete Fette und Schlachttierfette. Bevorzugen Sie naturreine, kaltgepreßte Pflanzenöle, Pflanzenmargarine und Butter.

5. Mindestens 10% – besser 30% – Ihrer Nahrung sollte aus Rohkost bestehen, aus rohem Gemüse, Obst, Nüssen und Getreide. Essen Sie Rohkost vor der Kochkost und achten Sie darauf, daß bei der Zubereitung keine vermeidbaren Wirkstoffverluste entstehen.

6. Reduzieren Sie Ihren Fleischkonsum und ersetzen Sie Fleisch und Wurst öfter durch Quark und Magerkäse oder durch pflanzliches Eiweiß.

7. Sparen Sie Kochsalz und verwenden Sie statt dessen frische Kräuter und Gewürze: Schnittlauch, Petersilie, Zwiebel, Knoblauch, Meerrettich, Kümmel, Pfeffer, Majoran und Paprika.

8. Trinken Sie genügend! Sie sollten mindestens 1 Liter pro Tag an Getränken zu sich nehmen. Vermeiden Sie zuckerhaltige Getränke; 1 Liter Limonade oder Cola enthält mehr als 40 Stück Würfelzucker. Bohnenkaffee, starker schwarzer Tee und Alkohol sind Genuß- und Anregungsmittel. Mißbrauch beginnt dann, wenn Sie ohne Kaffee nicht wachwerden oder munterbleiben und wenn Sie ohne Alkohol nicht mehr abschalten oder entspannen können.

9. 4–5 kleine Mahlzeiten über den Tag verteilt sind gesünder als 3 große. Denken Sie an das alte Sprichwort: Morgens wie ein König, mittags wie ein Bürger und abends wie ein Bettelmann!

10. Kauen Sie gründlich, jeden Bissen bis zu dreißigmal, so wird Ihre Nahrung bekömmlich.

Kleines Vollwert-Küchenlexikon

Agar-Agar wird aus Meeresalgen gewonnen und enthält 3,5% Mineralstoffe. Sein Kaloriengehalt ist gleich null. Agar-Agar wird in der Vollwertküche wie Gelatine verwendet: $1/2$ l heiße Flüssigkeit und 1 Teelöffel Agar-Agar ergeben nach dem Erkalten ein schnittfestes Gel. Agar-Agar ist ein ideales Darmpflegemittel, es quillt im Darm auf, dehnt den Darminhalt und bringt die Darmperistaltik in Bewegung.

Ahornsirup stammt von Ahornbäumen in Kanada und Nordamerika. Er wird ohne Zuckerzusatz eingedampft und enthält Vitamine und Mineralstoffe. Ahornsirup ist im Reformhaus und im Lebensmittelhandel erhältlich.

Backpapier oder Blechrein wird mit der beschrifteten Seite nach unten auf das Backblech gelegt. Es ist bis zu sechsmal zu verwenden. Das Einfetten und Bemehlen des Backblechs entfällt, das Backgut klebt nicht an und das Backblech bleibt sauber.

Brecht's Grillgewürz bekommt man im Reformhaus. Es eignet sich besonders gut zum Würzen von Sojagerichten nach Fleischart.

Gemüsebrühe siehe Rezept Seite 46. Man kann auch Gemüsehefebrühe aus dem Reformhaus verwenden; sie enthält Gartenkräuter und protein- und vitaminhaltige Hefe.

Getreide in Demeter-Qualität bekommt man im Reformhaus, im Naturkostladen oder direkt vom Bauern, der biologischen Getreideanbau betreibt. Adressen erhält man vom Demeter Bund e. V., Wellingstraße 24, 7000 Stuttgart.

Haferflocken: Verwenden Sie stets »Vollkornhaferflocken«; sie werden im Unterschied zu den üblichen Haferflocken, die aus dem Keim hergestellt werden, aus dem ungeschälten Hafer gepreßt und enthalten die wertvollen Ballaststoffe.

Hefebrühe ist eine vitamin- und mineralstoffreiche Suppenpaste, die eine klare Brühe ergibt.

Hirseflocken enthalten 11% Eiweiß und sind besonders reich an Kieselsäure und Fluor. Wichtig für den Aufbau von Haut, Nägeln und Haaren. Geeignet zum Müsli, zu Sauermilchspeisen, Suppen und Aufläufen. Man bekommt sie im Reformhaus.

Honig: Verwenden Sie naturreinen und kaltgeschleuderten Honig. Wenn Sie mit Honig kochen oder backen, so gehen einige Wirkstoffe bei Temperaturen von über 45° verloren.

Leinsamen enthalten darmfreundliche Quell- und Schleimstoffe und hochungesättigte Fettsäuren. Man verwendet sie zum Müsli, zu Sauermilchspeisen, zum Bestreuen von Kompotten und zum Brotbacken. Verwendet wird Leinsamen ungeschrotet oder frisch geschrotet, da Sauerstoff die ungesättigten Fettsäuren zerstört.

Mayonnaise sollte man selbst herstellen und nur hochwertiges Pflanzenöl dafür verwenden. Sie wird im Schraubverschlußglas im Kühlschrank aufbewahrt.

Molke von der Firma Heirler erhalten Sie im Reformhaus.

Natron oder Speisesoda neutralisiert Säuren. Es ist ein altes Hausmittel gegen Sodbrennen. Mit einer 0,5–1%igen Lösung lassen sich Laugensemmeln und -brezen herstellen, siehe Rezepte Seite 98.

Nüsse sollten im Ganzen und nicht auf Vorrat gekauft und gemahlen werden.

Nußmus gibt es im Reformhaus.

Obstessig ist reich an Mineralstoffen. Er hat einen Säuregehalt von 5% und eignet sich auch als Badezusatz zur Belebung und Erfrischung der Haut (2–3 Tassen auf ein Vollbad) und als Spülung für fettes Haar.

Pflanzenmargarine sollte in Reformqualität bevorzugt werden, denn
- sie enthält keine synthetischen Vitamine,
- keine chemisch gehärteten Fette,
- sie ist natriumarm.

Rosinen – ebenso wie alle anderen Trockenfrüchte – sollten immer nur »ungeschwefelt« gekauft werden.

Sandwich-Creme ist eine vegetarische Paste. Sie eignet sich als Brotaufstrich und ist im Reformhaus erhältlich.

Sanoghurt ist ein Sauermilcherzeugnis mit über 95% rechtsdrehender Milchsäure (siehe auch Seite 20) und leicht verdaulichem Eiweiß. Sanoghurt ist auch in Österreich und in der Schweiz über Reformhäuser zu beziehen; in der

Kleines Vollwert-Küchenlexikon

Schweiz unter der Bezeichnung »Heirler novaghurt«.

Sauerteig kann selbst hergestellt (Rezept Seite 95), im Reformhaus gekauft oder vom Bäcker bezogen werden.

Sesamkörner schmecken nußartig und werden für Gebäck und Brot verwendet. Sie sind reich an hochwertigem Eiweiß und an Mineralstoffen.

Soja bereichert Gerichte an fleisch- und fischlosen Tagen mit hochwertigem Eiweiß (siehe auch Seite 20 und 73). Es gibt Sojabohnen, -mehl, -flocken, -fleisch, -milch, -pasten und -pasteten, Tofu (= Soja-Quark) und Fertiggerichte mit Soja. Alle diese Produkte erhalten Sie im Reformhaus und in Naturkostläden.

Tartex ist eine vegetarische Paste und als Brotaufstrich geeignet. Sie ist im Reformhaus erhältlich.

Tofu siehe Soja und auch Seite 74.

Trockenfrüchte sollten nur ungeschwefelt gekauft werden.

Vanille bekommt man pulverisiert und ohne Zuckerzusatz im Reformhaus.

Vitam R ist ein Hefe-Extrakt, der hochwertiges Protein, B-Vitamine, Mineralstoffe und Lecithin enthält, kein Fett und keine Kohlenhydrate. 100 g enthalten 184 kcal = 770 kJ. Vitam-R würzt alle pikanten Gerichte!

Vollkornbrösel stellt man aus altbackenen Vollkornsemmeln her, die in der Schrotmühle, in der Nußmühle oder im Mixer zerkleinert werden. Man kann auch ungezuckerten Vollkornzwieback zwischen zwei Küchentüchern mit dem Nudelholz zerdrücken. Aufbewahrt werden die Brösel in einem Glas mit Schraubverschluß.

Vollkornmehl sollte immer frisch gemahlen werden. Wer keine Mühle hat, kann
- Weizenmehl Type 1700 oder
- Roggenmehl Type 1800 oder
- Buchweizenmehl

im Reformhaus kaufen. In manchen Geschäften wird das Getreide auch im Beisein des Kunden gemahlen.

Vollweizengrieß ist im Reformhaus und in Naturkostläden erhältlich.

Weizenkleie: Diese Weizenschalen enthalten etwa 50% unverdauliche Ballaststoffe und 5–7% Mineralstoffe. Sie quellen im Darm auf, fördern die Peristaltik und verkürzen die Passagezeiten des Darminhalts. Geeignet zur Anreicherung denaturierter Nahrung mit Ballaststoffen. Täglich 3 × 1 Eßlöffel mit reichlich Flüssigkeit vor den Mahlzeiten nehmen. Kleie kann anstelle von Vollkornbröseln verwendet werden.

Zitronenschale: Wenn Zitronenschale verarbeitet wird, müssen Früchte mit unbehandelter Schale gekauft und diese vor dem Reiben mit heißem Wasser abgewaschen, dann abgetrocknet werden. Das gleiche gilt für Orangen.

Zuckerrübensirup enthält Vitamine und Mineralstoffe und einen Wirkstoff gegen Arteriosklerose und Bluthochdruck. Er eignet sich hervorragend zum Backen, auch zum Süßen von Quark und ähnlichem. Herstellung: Zuckerrüben werden gekocht, gepreßt und der Rohsaft eingedickt.

Maße und Gewichte in g	Stück, Scheibe Packung	gestrichener Teelöffel	gestrichener Eßlöffel	gehäufter Eßlöffel
Agar-Agar	8			
Backhefe	42			
Backpulver		3	10	
Getreide, ungemahlen			20	25
Grieß		4	12	
Haferflocken		4	10	
Honig		10	30	
Leinsamen		4	12	
Mayonnaise		5	12	
Öl		4	10	
Quark			30	
Reis roh		5	15	
Sahne flüssig			15	
Salz		5	15	
Vollkornbrösel		3	10	
Vollkornmehl		5	15	25
Weizenkeime			10	
Weizenkleie			5	

Wasser:
1/8 l = 125 ml
1/4 l = 250 ml
3/4 l = 750 ml
100 ml = 6 Eßlöffel
125 ml = 8 Eßlöffel = 1 Tasse

Frühstücksvorschläge

Mit guter Laune und einem vollwertigen Frühstück sollten Sie den Tag begrüßen. Ihr Körper hat eine ganze Nacht lang alle Funktionen aufrechterhalten; jetzt müssen Sie ihm die notwendigen Nährstoffe zuführen, um Kraftreserven für den Tag zu haben.
Ein Müsli enthält alle diese Nährstoffe. Ungespritzte Äpfel und Birnen verwenden Sie bitte mit der Schale und raspeln sie im ganzen auf der Rohkostreibe.
Wenn Sie ein herkömmliches Frühstück bevorzugen, sollten Sie darauf achten, daß es folgendes enthält:
- Vollkorn (Brot oder Knäckebrot)
- Eiweiß (Quark oder Käse, seltener Ei oder Wurst)
- Rohkost (Obst oder Gemüse der Saison)

mit der Flüssigkeit zum Müsli gegeben. Das erübrigt meist die Zugabe von Honig. Außer Äpfeln schmecken Birnen, Aprikosen, Pfirsiche, Orangen, Bananen, Trauben, Kiwis und alle Beerenfrüchte.

Mein Tip: Magenempfindliche sollten den Schrotbrei am Morgen etwa 15 Minuten im Wasserbad erwärmen. Durch die beginnende Umwandlung der Stärke in Zucker wird die Verdaulichkeit verbessert. Anschließend wie beschrieben zubereiten.

Getreideschrotmüsli

Zutaten für 1 Person:
2–3 Eßl. Weizen (oder eine andere Getreidesorte oder -mischung)
2–3 Eßl. Wasser · 1 Tasse Vorzugsmilch
Saft von 1/2 Zitrone · 1 Teel. Honig
1 Teel. ungeschwefelte Rosinen
5–10 Nüsse · 1 Apfel

- Quellzeit: über Nacht
- Zubereitungszeit: 5 Minuten

So wird's gemacht: Das Getreide schroten, mit dem Wasser verrühren, über Nacht zugedeckt kühlstellen. • Am Morgen mit der Milch, dem Zitronensaft, dem Honig, den Rosinen und den grobgehackten Nüssen verrühren. Den Apfel in das Müsli reiben.

Varianten
Statt Milch können Sie Ihr Müsli mit Joghurt, Dickmilch oder Kefir zubereiten, statt Zitronensaft können Sie ungesüßten Sanddornsaft verwenden und die Rosinen durch andere Trockenfrüchte, zum Beispiel Pflaumen, ersetzen. Diese werden ebenfalls am Vorabend eingeweicht und

Getreidefrühstück

Für dieses Müsli werden die Körner nicht gemahlen.

Zutaten für 1 Person:
2 Eßl. 6-Korn
1 Becher Joghurt oder Sanoghurt
5–10 Haselnüsse
entweder frisches Obst und Honig
oder frisches Gemüse, Gartenkräuter und Selleriesalz

- Quellzeit: über Nacht
- Zubereitungszeit: 5 Minuten

So wird's gemacht: 6-Korn einweichen und zugedeckt kühlstellen. Am Morgen das Wasser abgießen. Den Joghurt mit den grobgehackten Nüssen und dem 6-Korn verrühren. Entweder kleingeschnittenes Obst und Honig oder geraspeltes Gemüse, Gartenkräuter und Selleriesalz zugeben.

Haferflockenmüsli

Zutaten für 1 Person:
3 Eßl. Haferflocken
1 Tasse Vorzugsmilch
1 Eßl. Zitronensaft oder ungesüßter Sanddornsaft
1 Teel. Honig · 1 Teel. ungeschwefelte Rosinen
5–10 Haselnüsse · 1 Apfel

● Zubereitungszeit: 5 Minuten

So wird's gemacht: Die Haferflocken mit der
Milch übergießen. Den Fruchtsaft, den Honig,
die Rosinen und die grobgehackten Nüsse zufügen. Den Apfel in das Müsli reiben.

Möhrenmüsli

Zutaten für 1 Person:
1 Teel. Honig · Saft von $1/2$ Zitrone
1 Apfel · 1 große Möhre
1 Becher Joghurt oder Sanoghurt
2 Eßl. Haferflocken

● Zubereitungszeit: 10 Minuten

So wird's gemacht: Den Honig mit dem Zitronensaft vermengen. Den geschälten Apfel und die
gewaschene, geputzte Möhre in die Sauce reiben. Das Joghurt und die Haferflocken beimen-
gen.

Zwiebackmüsli

Zutaten für 1 Person:
1 Tasse Vorzugsmilch
3–4 Stück Vollkornzwieback · 1 Teel. Honig
1 Teel. Nußmus oder 5–10 Haselnüsse
Obst der Saison

● Zubereitungszeit: 10 Minuten

So wird's gemacht: Die Milch erwärmen. Den
Zwieback in Stücke brechen und mit der Milch
übergießen. Den Honig, das Nußmus oder die
gemahlenen Nüsse und die gewaschenen, eventuell zerkleinerten Früchte untermischen.

Knusperfrühstück

Zutaten für 1 Person:
10 g Butter · 2 gehäufte Eßl. Haferflocken
100 g Magerquark · 2 Eßl. Sahne
1 Teel. Honig · 125 g Obst der Saison

● Zubereitungszeit: 10 Minuten

So wird's gemacht: Die Butter in einer beschichteten Pfanne erhitzen, die Haferflocken darin
knusprig bräunen und abkühlen lassen. ● Den
Quark mit der Sahne cremig rühren, den Honig
und die zerkleinerten Früchte untermischen. ●
Die Haferflocken über den Früchtequark geben.

Früchtemüsli

Zutaten für 1 Person:
2 Eßl. Weizenkeime · 1 Eßl. Leinsamen
200 g Dickmilch oder Kefir · 1 Teel. Ahornsirup
150 g Erdbeeren (oder anderes Obst)

● Zubereitungszeit: 5 Minuten

So wird's gemacht: Die Weizenkeime und den
Leinsamen in die Dickmilch rühren, mit dem
Sirup süßen und die gewaschenen, geviertelten
Erdbeeren mit dem Müsli vermengen.

Porridge

Zutaten für 1 Person:
$1/4$ l Wasser · 1 Prise Salz
4 Eßl. Haferflocken

6 ungeschwefelte Trockenpflaumen
2 Eßl. Dickmilch

● Zubereitungszeit: 10 Minuten

So wird's gemacht: Das Wasser mit dem Salz aufkochen lassen, die Haferflocken und die halbierten Pflaumen zugeben und zugedeckt ausquellen lassen. Die Dickmilch über den Porridge geben.

Buchweizengrütze

Zutaten für 1 Person:
2-3 Eßl. Buchweizen · Wasser
1 Prise Salz · 10 g Butter
1 Teel. Honig · 2 Eßl. Dickmilch
150 g Obst der Saison

● Zubereitungszeit: 10 Minuten

So wird's gemacht: Den Buchweizen schroten, in lauwarmes Wasser rühren, das Salz zugeben, aufkochen und ausquellen lassen. Die Butter und den Honig unterrühren und die Grütze in eine angewärmte Schüssel füllen. Auf die Grütze die Dickmilch geben und darauf die zerkleinerten Früchte verteilen.

Kruskamüsli

Kruska ist eine Mischung aus Weizen, Roggen, Hirse, Gerste und Hafer und im Reformhaus erhältlich.

Zutaten für 1 Person:
2–3 Eßl. Kruska · ¼ l Wasser
1 Teel. ungeschwefelte Rosinen
3 ungeschwefelte Trockenpflaumen
Crème fraîche · Obst der Saison

● Zubereitungszeit: 15 Minuten

So wird's gemacht: Das grobgemahlene Korn in das lauwarme Wasser rühren, mit den Rosinen

und den halbierten Trockenpflaumen aufkochen und bei milder Hitze zugedeckt ausquellen lassen. Mit 1 Eßlöffel Crème fraîche und frischem Obst anrichten.

Variante
3 Eßlöffel Haferflocken, Buchweizengrütze oder geschrotetes Kruska werden mit 1 Prise Salz in Wasser aufgekocht und nach dem Ausquellen mit 1 geriebenen Zwiebel und viel frischen Kräutern vermengt, mit Selleriesalz abgeschmeckt.

Delikate Pastete

1 Zwiebel · 1 Gewürzgurke
je ½ grüne und rote Paprikaschote
2 Dosen Tartex Delikateß-Paste oder Sandwich-Creme
1 Eigelb · 1 Knoblauchzehe
Pfeffer · edelsüßes Paprikapulver
1 Bund Petersilie · 1 Bund Schnittlauch

● Zubereitungszeit: 15 Minuten

So wird's gemacht: Die Zwiebel schälen und kleinwürfeln. Die Gurke und die gewaschenen, von Rippen und Kernen befreiten Schoten würfeln. ● Die Paste oder die Sandwich-Creme mit dem Eigelb cremig rühren, die Zwiebel-, Schoten- und Gurkenwürfel unter die Creme rühren. Die geschälte Knoblauchzehe durch die Knoblauchpresse geben, mit der Pastete vermengen und mit Pfeffer und Paprika abschmecken. Zuletzt die gehackte Petersilie und den kleingeschnittenen Schnittlauch zugeben.

Überbackener Toast

1 Bund Petersilie
4 Scheiben Vollkorntoastbrot
1 Dose Tartex Exquisit-Paste oder Sandwich-Creme

2 Tomaten · schwarzer Pfeffer aus der Mühle
4 Scheiben Chester Käse

● Zubereitungszeit: 15 Minuten

So wird's gemacht: Von der gewaschenen Petersilie 4 Zweige zurückbehalten, den Rest kleinschneiden.● Die Brotscheiben toasten und mit der Paste oder Creme bestreichen. ● Die gewaschenen Tomaten in Scheiben schneiden, auf das Brot legen und pfeffern. Mit der Petersilie bestreuen und mit je 1 Käsescheibe belegen. ● Die Toastscheiben im Ofen überbacken, bis der Käse schmilzt. ● Mit den restlichen Petersilienzweigen garnieren.

Selleriequark

250 g Magerquark · 5 Eßl. Sahne
etwa 125 g Sellerie · 1 Apfel
Salz · Zucker · Zitronensaft

● Zubereitungszeit: 10 Minuten

So wird's gemacht: Den Magerquark mit der Sahne cremig rühren. ● Den Sellerie und den Apfel schälen und in den Quark reiben. ● Mit Salz, Zucker und Zitronensaft abschmecken.

Kräuterquark

1 Bund Petersilie · 1 Bund Schnittlauch
1 Bund Kerbel oder 1 Beet Kresse
250 g Magerquark · 5 Eßl. Sahne
1 Zwiebel · Selleriesalz
weißer Pfeffer aus der Mühle

● Zubereitungszeit: 10 Minuten

So wird's gemacht: Die Kräuter waschen, trockentupfen und kleinschneiden. ● Den Quark mit der Sahne cremig rühren, mit der geschälten, feingeriebenen Zwiebel und den Kräutern vermengen und mit Salz und Pfeffer abschmecken.

Meerrettichquark

250 g Magerquark · 5 Eßl. Sahne
1 Apfel · Stangenmeerrettich
Salz · Pfeffer · Zucker

● Zubereitungszeit: 10 Minuten

So wird's gemacht: Den Quark mit der Sahne cremig rühren. Den Apfel schälen, reiben und in den Quark rühren. Ebenso den geschälten Meerrettich nach Geschmack. Mit den Gewürzen abschmecken.

Pikanter Quark

Dieser Brotaufstrich ist reich an hochwertigem Eiweiß und B-Vitaminen, arm an Kalorien: 100 g enthalten 105 Kalorien/439 Joule.

250 g Magerquark · 1 Eßl. Vitam-R-Paste
Stangenmeerrettich oder Meerrettich-Spread von Vitam
eventuell Milch

● Zubereitungszeit: 5–10 Minuten

So wird's gemacht: Den Quark mit der Paste und dem Meerrettich mit soviel Milch glattrühren, daß eine dicke Creme entsteht. Wenn Sie den Brotaufstrich für Kinder zubereiten, mit Meerrettich sparsam umgehen.

Variante
Statt Meerrettich verwenden Sie Paprika-Spread von Vitam und kleingewürfelte rote und grüne Paprikaschoten.

Frischkäseaufstrich

1 große Zwiebel · 2 Gewürzgurken
200 g körniger Frischkäse · 1 Beet Kresse
Salz · weißer Pfeffer
1 Teel. edelsüßes Paprikapulver

● Zubereitungszeit: 10 Minuten

So wird's gemacht: Die Zwiebel schälen und feinreiben. Die Gurken würfeln. ● Den Käse mit den Gurken und der Zwiebel vermengen. Die Kresse waschen, abschneiden und unter den Aufstrich mischen. Mit den Gewürzen abschmecken.

Frischkäse auf Toast

10 g Butter · 15-20 Haselnüsse
4 Scheiben Weizenkeim- oder
Vollkorntoastbrot
200 g Doppelrahm-Frischkäse oder körniger
Frischkäse
2 große reife Birnen

● Zubereitungszeit: 15 Minuten

So wird's gemacht: Die Butter in einer beschichteten Pfanne erhitzen und die Nüsse darin rösten, abkühlen lassen, die Häute abreiben. ● Das Brot toasten, den Käse auf die Brotscheiben streichen und pfeffern. ● Die Birnen halbieren, schälen, vom Kerngehäuse befreien und je 1 Hälfte auf 1 Käsebrotscheibe legen. ● Die Nüsse grobmahlen und über die Birnenhälften streuen.

Käsecreme »indisch«

1 Banane · 2 Eßl. Milch
1/2 Teel. Currypulver
200 g Doppelrahm-Frischkäse
Salz · Zucker · Zitronensaft

● Zubereitungszeit: 5 Minuten

So wird's gemacht: Die Banane schälen, im Mixbecher oder mit dem Mixstab mit der Milch und dem Curry pürieren. Den Frischkäse unter den Bananenbrei mischen und die Creme mit den Gewürzen abschmecken.

Roquefortcreme

200 g Roquefort-Käse · 2 Eigelbe
2 Eßl. trockener Sherry · 3–5 Walnüsse

● Zubereitungszeit: 5 Minuten

So wird's gemacht: Den Roquefort in eine Schüssel bröckeln und mit den Eigelben cremig rühren. Den Sherry und die gehackten Nüsse untermischen.

Sahne-Käse-Creme

125 g Blauschimmelkäse · 125 g Magerquark
125 g geriebener Emmentaler Käse
1/8 l Sahne · Salz · weißer Pfeffer

● Zubereitungszeit: 10 Minuten

So wird's gemacht: Den Blauschimmelkäse mit der Gabel zerdrücken, mit dem Quark und dem Emmentaler vermengen. Die Sahne steifschlagen und vorsichtig unter die Käsecreme heben. Mit Salz und Pfeffer abschmecken.

Obatzter

1 Zwiebel · 250 g reifer Camembert
50 g weiche Butter · 1 Eßl. Kümmel
1 Teel. edelsüßes Paprikapulver

● Zubereitungszeit: 10 Minuten

So wird's gemacht: Die Zwiebel schälen und kleinwürfeln ● Den Käse und die Butter mit einer Gabel auf einem Holzbrett vermengen, die Zwiebel und die Gewürze zufügen und untermischen.

Paßt gut zu: Vollkornbrot, Sommerrettich und Bier!

Schmackhafte Suppen

In diesem Kapitel finden Sie leichte Suppen als Magenöffner, Zwischen- und Abendmahlzeiten. Oder kräftige Suppen als Hauptgericht, mit Rohkost ein vollständiges Essen. Und kalte Gemüse- oder Fruchtsuppen als erfrischende Mahlzeit an heißen Tagen.

Gemüsebrühe dient als Fond für Suppen, Getreide- und Kartoffelgerichte. Verwenden Sie dafür eine Gemüsehefebrühe aus dem Reformhaus oder bereiten Sie sich diese Gemüsebrühe auf Vorrat zu:

Konzentrierte Gemüsebrühe – Grundrezept
2 Zwiebeln · 5 Petersilienwurzeln
3 Stangen Lauch (Porree) · $^1/_2$ Sellerieknolle
5 Möhren · 75 g Pflanzenmargarine
1 l Wasser · 1 gehäufter Eßl. Salz
1 Teel. getrocknetes Liebstöckel · 3 Eßl. Hefeflocken

● Zubereitungszeit: 60 Minuten

So wird's gemacht: Das Gemüse waschen, putzen, kleinschneiden. ● Die Margarine erhitzen, das Gemüse andünsten, mit Wasser auffüllen, salzen und mit dem zerriebenen Liebstöckel würzen. Zugedeckt 30 Minuten bei milder Hitze kochen lassen. ● Wollen Sie eine klare Gemüsebrühe, müssen Sie die Suppe abseihen. Für eine bunte Gemüsebrühe pürieren Sie das Konzentrat im Mixbecher oder mit dem Mixstab. ● Abkühlen lassen und die Hefeflocken unterrühren. ● Zur Vorratshaltung wird die Brühe in den Behälter für Eiswürfel gefüllt und tiefgefroren. Die Würfel werden dann in einem Beutel in der Gefriertruhe aufbewahrt. Für die Zubereitung einer gebrauchsfertigen Gemüsebrühe verwenden Sie 1 Teil der konzentrierten Brühe und 4–5 Teile Wasser.

Klare Suppe mit Käsebiskuit

2 Eier · 2 Eßl. Vollkornmehl
1 Messerspitze Backpulver
25 g geriebener Parmesankäse
$^1/_2$ Bund Petersilie · 1 Prise Salz
1 l klare Gemüsebrühe

● Zubereitungszeit: 30 Minuten

So wird's gemacht: Den Backofen auf 180° vorheizen. ● Für den Biskuit die Eier in Eiweiße und Eigelbe trennen. Die Eigelbe mit dem Mehl, dem Backpulver, dem Käse und der feingeschnittenen Petersilie verrühren. ● Die Eiweiße mit dem Salz zu steifem Schnee schlagen. Den Eischnee vorsichtig unter den Teig heben. ● Eine Form mit Backpapier auslegen, die Biskuitmasse etwa 2 cm dick aufstreichen. Im Backofen in 8–10 Minuten goldgelb backen. ● Die Brühe zum Kochen bringen. ● Den Käsebiskuit auf ein Küchenbrett stürzen, das Papier abziehen, den Biskuit etwas abkühlen lassen und in Rauten schneiden. Zur heißen Suppe servieren.

Hirseflocken-Einlaufsuppe

1 l bunte Gemüsebrühe
2 gehäufte Eßl. Hirseflocken · 1 Ei
1 Bund Schnittlauch

● Zubereitungszeit: 10 Minuten

So wird's gemacht: Die Brühe zum Kochen bringen und die Flocken in die kochende Suppe streuen. ● Das Ei verquirlen und unter Rühren in die kochende Suppe laufen lassen. ● Den gewaschenen, kleingeschnittenen Schnittlauch zur Suppe servieren.

Geröstete Maissuppe

50 g Butter · 4 gestrichene Eßl. Maisgrieß
1 $^1/_2$ l Hefebrühe
50 g geriebener Emmentaler Käse
weißer Pfeffer · geriebene Muskatnuß
1 Bund Petersilie

• Zubereitungszeit: 20 Minuten

So wird's gemacht: Die Butter in einem Topf erhitzen. Den Grieß darin anbräunen. Die Brühe aufgießen, zum Kochen bringen und die Suppe bei milder Hitze 15 Minuten ausquellen lassen. • Den Käse in der Suppe schmelzen lassen, alles mit Pfeffer und Muskat abschmecken. • Die gewaschene, kleingeschnittene Petersilie zur Suppe servieren.

Grünkernsuppe

1 Zwiebel · 1 Möhre
1 Stange Lauch (Porree)
1 Stückchen Sellerie
40 g Pflanzenmargarine
3 gehäufte Eßl. Grünkernschrot
1¹/₂ l Wasser · Salz
1 Eigelb · 1 Eßl. Sahne

• Zubereitungszeit: 35 Minuten

So wird's gemacht: Das Gemüse waschen, putzen und kleinschneiden. Die Margarine in einem Topf erhitzen und das Gemüse darin andünsten. Den Grünkernschrot zufügen und unter Rühren das Wasser aufgießen. Die Suppe salzen und aufkochen lassen. Dann bei schwacher Hitze im geschlossenen Topf das Gemüse weichkochen lassen. • Das Eigelb mit der Sahne verquirlen und die Suppe damit verfeinern.

Grünkernnockerl-Suppe

75 g weiche Butter · 2 große Eier
1 Eßl. Sahne · ¹/₂ Teel. Salz
150 g feingemahlenes Grünkernmehl
1 Messerspitze Backpulver
1¹/₂ l Gemüsebrühe
1 Bund Schnittlauch

• Zubereitungszeit: 30 Minuten
• Quellzeit: 30 Minuten

So wird's gemacht: Die Butter mit den Eiern schaumig rühren. Die Sahne, das Salz, das Mehl und das Backpulver zugeben und den Teig zugedeckt 30 Minuten quellen lassen. • Die Gemüsebrühe zum Kochen bringen. • Aus dem Teig mit 2 in Wasser getauchten Teelöffeln Nockerl formen, in die Suppe gleiten lassen. • Die Suppe 15 Minuten bei halb zugedecktem Topf bei milder Hitze kochen, dann noch 10 Minuten ziehen lassen. • Den Schnittlauch waschen, kleinschneiden und die Suppe damit anrichten.

Graubündner Gerstensuppe

5 Eßl. Gerste (75 g)
1 Zwiebel · 1 Stange Lauch (Porree)
1 Möhre · 1 Stückchen Sellerie
40 g Butter · 1¹/₂ l Wasser
Salz · 1 Eigelb · 2 Eßl. Sahne
1 Bund Schnittlauch

• Quellzeit: über Nacht
• Zubereitungszeit: 45 Minuten

So wird's gemacht: Die Gerste in Wasser einweichen. • Das Gemüse waschen, putzen und kleinschneiden. • Die Butter in einem Topf erhitzen und die kleingeschnittene Zwiebel darin glasig dünsten. Das übrige Gemüse zufügen. Das Wasser aufgießen und salzen. • Die Gerste in die kochende Suppe geben, in 30 Minuten weichkochen. • Das Eigelb mit der Sahne verquirlen und die Suppe damit legieren. Den Schnittlauch waschen und kleinschneiden, mit der Suppe servieren.

Variante Graupensuppe – Rollgerstensuppe
Geschälte Gerstenkörner werden als Graupen oder Rollgerste bezeichnet. Diese brauchen vor dem Kochen nicht eingeweicht zu werden.

Schmackhafte Suppen

Bayerische Brotsuppe

Eine kräftige Suppe, zu der man in Niederbayern eine heiße Pellkartoffel ißt.

1¹/₂ l klare Gemüsebrühe
2 Zwiebeln · 30 g Butter
250 g altbackenes Vollkornbrot

● Zubereitungszeit: 25 Minuten

So wird's gemacht: Die Gemüsebrühe zum Kochen bringen. ● Die Zwiebeln schälen und in feine Ringe schneiden. Die Butter erhitzen und die Zwiebelringe darin goldgelb braten. ● Das Brot in feine Scheiben schneiden und die Zwiebeln darauf verteilen. ● Bei Tisch die Suppe über das Brot geben.

Panadlsuppe

1¹/₂ l klare Gemüsebrühe
3–4 altbackene Vollkornbrötchen
50 g Butter
1 Ei · 1 Bund Schnittlauch

● Zubereitungszeit: 15 Minuten

So wird's gemacht: Die Gemüsebrühe zum Kochen bringen. ● Die Brötchen würfeln. Die Butter in einem Topf erhitzen und die Brotwürfel darin hellbraun rösten. Mit der kochenden Gemüsebrühe übergießen und aufkochen lassen. Das Ei verquirlen und unter Rühren in die kochende Suppe gießen. ● Den gewaschenen Schnittlauch kleinschneiden und zur Suppe servieren.

Erbsensuppe

Zutaten für 2 Personen:
1 Paket tiefgefrorene Erbsen (300 g)
¹/₂ l klare Gemüsebrühe
1 Eigelb · 2 Eßl. Sahne
1 Bund Petersilie

● Zubereitungszeit: 20 Minuten

So wird's gemacht: Die Erbsen antauen lassen. ● Die Brühe zum Kochen bringen. Die Erbsen in die Gemüsebrühe geben und in etwa 15 Minuten weichkochen. ● Das Eigelb mit der Sahne verquirlen (den Topf von der Platte nehmen) und die Suppe legieren und abschmecken. Mit der gewaschenen, kleingeschnittenen Petersilie servieren.

Kartoffelsuppen-Eintopf
Bild Seite 43

4 große mehlig kochende Kartoffeln
250 g Frühlingszwiebeln oder Lauch (Porree)
2–3 Möhren · 40 g Pflanzenmargarine
1¹/₂ l Wasser · Salz · Pfeffer
1 Dose Sojawürstchen
je ¹/₂ Bund Schnittlauch und Petersilie

● Zubereitungszeit: 40 Minuten

So wird's gemacht: Die Kartoffeln schälen und würfeln. Die Zwiebeln oder den Lauch in Ringe schneiden. Die Möhren waschen, putzen und in Scheiben schneiden. ● Die Margarine in einem Topf erhitzen und die Zwiebeln oder den Lauch darin andünsten. Die Kartoffeln und die Möhren zufügen, mit dem Wasser auffüllen und salzen. ● Zugedeckt etwa 15 Minuten bei milder Hitze kochen lassen, abschmecken. ● Die Würstchen in 2 cm lange Stücke schneiden und in dem Eintopf heiß werden lassen. Mit den gewaschenen und kleingeschnittenen Kräutern bestreut servieren.

Variante
Statt der Würstchen 200 g Doppelrahm-Frischkäse in der Suppe schmelzen lassen und abschmecken.

Schmackhafte Suppen

Selleriesuppe

Eine leichte Abendmahlzeit.

1 Sellerieknolle · etwa 1¹/₂ l Wasser
1 Teel. Salz
4 Scheiben Weizenkeim- oder
Vollkorntoastbrot · 40 g Butter
2 Eigelbe · 4 Eßl. Sahne · weißer Pfeffer
75 g geriebener Parmesankäse

● Zubereitungszeit: 35 Minuten

So wird's gemacht: Den Sellerie schälen, kleinwürfeln und in wenig Salzwasser in 15 Minuten
garen.● Die Brotscheiben entrinden und würfeln.
● Die Butter in einer Pfanne erhitzen und die
Brotwürfel darin goldgelb rösten. ● Die restliche
Wassermenge zum Sellerie gießen und die Suppe pürieren. ● Die Eigelbe mit der Sahne verquirlen, die Suppe legieren und abschmecken. ● Die
Brotwürfel und den Parmesan getrennt zur Suppe reichen.

Spargelcremesuppe

500 g Suppenspargel · 1¹/₂ l Wasser
je 1 Prise Salz und Zucker
40 g Butter · 2 Eßl. Vollkornmehl
Saft von ¹/₂ Zitrone · Salz
1 Eigelb · 1 Bund Schnittlauch

● Zubereitungszeit: 1 Stunde 15 Minuten

So wird's gemacht: Den Spargel waschen und
schälen. Schalen und Abschnitte, die beim Putzen der Spargelstangen anfallen, in dem Wasser
mit Salz und Zucker 20 Minuten kochen, dann
abseihen und dabei das Kochwasser auffangen.
● Die geschälten Spargelstangen in dem Sud in
etwa 25 Minuten weichkochen. ● Den Spargel
mit dem Schaumlöffel aus dem Kochwasser
heben und in 2–3 cm lange Stücke schneiden. ●
Aus der Butter und dem Mehl eine Schwitze
bereiten, mit dem Spargelwasser aufgießen und

5 Minuten bei schwacher Hitze köcheln lassen.
Die Suppe mit dem Zitronensaft und Salz
abschmecken. Die Spargelstücke in der Suppe
erwärmen. ● Die Suppe mit dem verquirlten
Eigelb verfeinern. ● Mit dem gewaschenen,
kleingeschnittenen Schnittlauch bestreut servieren.

Tomatensuppe

1 kg Fleischtomaten · 1 Zwiebel
20 g Butter · 1 Knoblauchzehe
1 l Wasser · 200 g Doppelrahm-Frischkäse
Salz · 1 Prise Zucker · weißer Pfeffer
frisches Basilikum oder Petersilie

● Zubereitungszeit: 35 Minuten

So wird's gemacht: Die Tomaten häuten, vierteln, entkernen und würfeln. Die Zwiebel schälen
und feinhacken. ● Die Butter in einem Topf
erhitzen und die Zwiebel darin glasig dünsten.
Die Tomatenwürfel zufügen und die geschälte,
durch die Knoblauchpresse gedrückte Knoblauchzehe. Das Wasser aufgießen und 5 Minuten
bei milder Hitze kochen lassen. Mit dem Schneebesen musig schlagen. ● Den Frischkäse in der
Suppe schmelzen lassen, mit den Gewürzen
abschmecken und in vorgewärmte Suppentassen oder -teller gießen. Mit dem gewaschenen,
kleingehackten Basilikum oder der Petersilie
garniert servieren.

Das paßt dazu: in Butter geröstete Vollkornbröt-
chen- oder Toastbrotwürfel.

Schweizer Käsesuppe

Eine nahrhafte, schnell zubereitete Vollwert-
mahlzeit.

1¹/₂ l klare Gemüsebrühe
4–6 Vollkornbrötchen

500 g Emmentaler Käse
2 Zwiebeln · 30 g Butter
1 Bund Schnittlauch

• Zubereitungszeit: 40 Minuten

So wird's gemacht: Die Brühe zum Kochen bringen. • Den Backofen auf 200° vorheizen. • Die Brötchen und den Käse in Würfel schneiden. Die Zwiebeln schälen und in feine Ringe schneiden. • Die Butter in einer Pfanne erhitzen und die Zwiebeln darin hellbraun rösten. • Die Brot-, die Käsewürfel und die Zwiebeln lagenweise in eine vorgewärmte, feuerfeste Suppenterrine geben. Die kochende Gemüsebrühe aufgießen. Die Suppe zugedeckt im vorgeheizten Backofen etwa 20 Minuten ziehen lassen. • Den Schnittlauch waschen, kleinschneiden und zur Suppe servieren.

Knoblauchsuppe

Eine Suppe, mit der Sie Ihre Gäste zu fortgeschrittener Stunde verwöhnen können.

3 Knoblauchzehen
4 Scheiben Weizenkeim- oder
Vollkorntoastbrot · 40 g Butter
750 g Fleischtomaten
$1/2$ l klare Gemüsebrühe
$1/8$ l trockener Weißwein
1 Prise Zucker · weißer Pfeffer
Tabascosauce nach Geschmack
frischer oder getrockneter Rosmarin
2 Eßl. Crème fraîche · 4 Zweige Petersilie

• Zubereitungszeit: 40 Minuten

So wird's gemacht: Den Knoblauch schälen und durch die Presse drücken. Die Brotscheiben entrinden und würfeln. • Die Butter in einer Pfanne erhitzen, den Knoblauch dazugeben und die Brotwürfel in der Knoblauchbutter bräunen. • Die Tomaten häuten, vierteln, entkernen, würfeln. • Die Brühe mit den Tomaten 5 Minuten

kochen, dann mit dem Schneebesen musig schlagen. • Den Wein zugeben und die Suppe mit den Gewürzen scharf abschmecken. • Die Suppe in vorgewärmte Suppentassen füllen. Jede Portion mit 1 Tupfen Crème fraîche und 1 Zweig Petersilie garnieren. • Die Brotwürfel zur Suppe servieren.

Kalte Gurkensuppe
Bild Seite 43

2 Zwiebeln · 1 rote Paprikaschote
1 große Salatgurke · 1 Bund Dill
4 Becher Joghurt oder Sanoghurt
$1/2$ l Buttermilch · Saft von 1 Zitrone
Salz · weißer Pfeffer
edelsüßes Paprikapulver
1 Eßl. Hefeflocken · 8 Walnüsse

• Zubereitungszeit: 15 Minuten

So wird's gemacht: Die Zwiebeln schälen und feinschneiden. Die Paprikaschote waschen, Rippen und Kerne entfernen und mit der geschälten Gurke kleinwürfeln. Den Dill waschen und schneiden. • Aus dem Joghurt, der Buttermilch, dem Zitronensaft, den Gewürzen und den Hefeflocken eine Suppe rühren. Das vorbereitete Gemüse und den Dill zufügen, abschmecken. • Die Suppe kühl stellen. • Mit den gehackten Nüssen bestreut anrichten.

Andalusische Sommersuppe

1 Zwiebel · 1 Knoblauchzehe
1 Salatgurke · 1 grüne Paprikaschote
1 kg Fleischtomaten
2 Scheiben Weizenkeimtoastbrot
2–3 Eßl. Obstessig · 3 Eßl. Pflanzenöl
Salz · weißer Pfeffer aus der Mühle
1 Eßl. Hefeflocken

• Zubereitungszeit: 1 Stunde

So wird's gemacht: Die Zwiebel und die Knoblauchzehe schälen und grobschneiden. Die Gurke schälen und in Scheiben schneiden. Die Schote waschen, Rippen und Kerne entfernen, zerkleinern. Die Tomaten häuten, vierteln und entkernen. Die Brotscheiben entrinden. • Alle vorbereiteten Zutaten mit dem Mixstab oder im Mixbecher pürieren. Mit dem Essig, dem Öl, Salz, Pfeffer und den Hefeflocken abschmecken. • Die Suppe im Kühlschrank durchziehen lassen.

Das paßt dazu: hartgekochte, gehackte Eier, gehackte Walnüsse, geröstete Weizenkeim- oder Vollkorntoastbrot-Würfel, Gurkenwürfel und gehackte Zwiebeln. Bereiten Sie diese Beilagen vor, während die Suppe im Kühlschrank steht. Sie werden gesondert zur Suppe serviert.

Kalte Tomatensuppe

1 kg Fleischtomaten · 6 Eßl. Pflanzenöl
Salz · weißer Pfeffer · 1 Prise Zucker
Worcestersauce nach Geschmack
Crème fraîche
4 Zweige Petersilie

• Zubereitungszeit: 25 Minuten

So wird's gemacht: Die Tomaten häuten, vierteln, entkernen und im Mixbecher oder mit dem Mixstab pürieren. Das Öl zugeben, mit den Gewürzen und der Worcestersauce abschmecken. • Die Tomatensuppe kühl stellen. • In Tassen oder Suppenteller füllen, mit 1 Tupfen Crème fraîche und 1 Zweig Petersilie garnieren.

Kalte Fruchtsuppe

500 g Kirschen · $^{1}/_{2}$ l leichter Rotwein
350 ml Wasser
1 Zitrone mit unbehandelter Schale
3 Eßl. Hirseflocken oder feine Haferflocken

1 Teel. Zimt · Ahornsirup nach Geschmack
Crème fraîche

• Zubereitungszeit: 45 Minuten

So wird's gemacht: Die Kirschen waschen und entsteinen. Mit dem Rotwein, dem Wasser und der spiralenförmig geschnittenen Zitronenschale 3 Minuten kochen lassen. • Die Zitronenschale entfernen und die Flocken einstreuen, zugedeckt ausquellen lassen. • Die Zitrone auspressen. Die abgekühlte Suppe mit dem Zitronensaft, dem Zimt und Ahornsirup abschmecken. • Die Fruchtsuppe in den Kühlschrank stellen. In Portionsschälchen mit je einem Tupfen Crème fraîche garnieren.

Varianten
Für diese Suppe eignen sich auch Erdbeeren, Himbeeren, Johannis- und Stachelbeeren. Für die Stachelbeersuppe ersetzen Sie den Rotwein durch einen trockenen Weißwein.

Bierkaltschale – alkoholfrei

4 Pfirsiche · $^{3}/_{4}$ l alkoholfreies Bier
1–2 Eßl. Honig · $^{1}/_{2}$ Teel. Zimt
Saft und unbehandelte, abgeriebene Schale
von $^{1}/_{2}$ Zitrone · $^{1}/_{4}$ l Sahne

• Zubereitungszeit: 25 Minuten
• Kühlzeit: 30 Minuten

So wird's gemacht: Die Pfirsiche überbrühen, schälen, entkernen, vierteln und die Viertel in jeweils 3 Scheiben schneiden. • Das Bier mit dem Honig, dem Zimt, dem Zitronensaft und der -schale verrühren. • Die Sahne steifschlagen und unter das Bier ziehen. • Die Pfirsichstücke in Suppentassen oder -teller verteilen und die Bier-Sahne-Mischung über die Früchte gießen. • Gut gekühlt servieren.

Salate und Rohkost

Fast alle Gemüsesorten lassen sich roh verzehren, eine Ausnahme machen Kartoffeln, grüne Bohnen und Spargel. Rohes Gemüse ist leichter verdaulich als rohes Obst.

Die Eiweißträger Milch, Quark, Käse, Eier oder Nüsse bilden zusammen mit Rohkost auch ohne Fleisch und Fisch eine vollständige und vollwertige Mahlzeit.

Gemüse sollte frisch gekauft und verarbeitet werden. Wenn nötig: kühl und dunkel lagern. Für die Zubereitung von Obst und Gemüse gelten folgende Regeln:

• Reinigen Sie Obst und Gemüse nicht unter starkem Wasserstrahl; das zerstört die Nährstoffe. Stehendes Wasser ist nährstoff-freundlicher als fließendes. Am besten ist ein lauwarmes Wasserbad, dem Sie einen Tropfen Spülmittel zufügen können, denn viele chemische Substanzen sind nicht wasser-, sondern fettlöslich. Das Gemüse anschließend mit frischem Wasser nachspülen.

• Obst und Gemüse mit unebener oder behaarter Oberfläche wie Kohl oder Pfirsiche müssen intensiver gewaschen werden. Die äußeren Blätter von Salat und Gemüse sollten Sie ganz entfernen.

• Experten empfehlen, das Obst zu schälen, da der Nährstoffverlust geringer ist als die Folgen der Fremdstoffbelastung.

• Salatgurken müssen immer geschält werden, da die Schadstoffe auch nach gründlichem Waschen nur teilweise von der Schale entfernt werden.

• Gegen Rückstände von Schadstoffen, die die Pflanzen aus dem Boden aufnehmen, und das sind etwa 40–90%, nützen diese Maßnahmen natürlich nichts.

• Gemüse wird erst nach dem Waschen und Abtropfen zerkleinert und sofort weiterverarbeitet.

• Blumenkohl wird einige Minuten mit dem Strunk nach oben in stark kochsalzhaltiges Wasser gelegt, um Raupen zu vertreiben, dann in frischem Wasserbad gespült.

• Tomaten häutet man, indem man die Frucht mit einem scharfen Messer kreuzweise einritzt und mit kochendem Wasser überbrüht. Danach läßt sich die Haut mühelos abziehen. Den grünen Stengelansatz immer entfernen.

• Orangen und Grapefruits filieren, das heißt, die Früchte schälen und in Spalten teilen. Die Haut mit einem spitzen Messer einschneiden und ablösen, siehe Zeichnung Seite 56.

• Rohes Gemüse wird gerieben, geraspelt oder in Würfel, Streifen, Ringe oder Scheiben geschnitten. Es gibt eine große Auswahl an elektrischen und manuellen Reiben. Für die Zubereitung von Rohkost für 1–4 Personen bevorzuge ich eine manuelle Reibe.

• Richten Sie die verschiedenen Gemüsesorten auf einer Platte an und achten Sie auf die Farbzusammenstellung. Servieren Sie zur Rohkost 2–3 Saucen zur Auswahl; sie können vorbereitet und im Kühlschrank in einem Schraubverschlußglas aufbewahrt werden.

Eine sommerliche Rohkostplatte könnten Sie so zusammenstellen:
geraspelte Kohlrabi,
geriebene Möhren,
in Scheiben geschnittene Gurke,
in Scheiben geschnittene Tomaten mit gewürfelten Zwiebeln,
in Streifen geschnittene grüne Paprikaschoten,
geraspelter Rettich.
Dazu reichen Sie die Dillsauce, das Vinaigrette-Dressing und die Roquefortsauce (Rezepte Seite 53, 54 und 55).

Eine winterliche Rohkostplatte könnte so aussehen:
in Ringe geschnittener Lauch/Porree,
geraspelte rote Bete,
kleingeschnittener Weißkohl,
geraspelte Möhren,
geraspelter Sellerie,
kleingeschnittener Rotkohl.
Dazu schmeckt eine Meerrettichsauce, die eiweißreiche, kalorienarme Sauce oder das French Dressing (Rezepte Seite 54).

Rohkost muß nicht teuer sein; verwenden Sie immer die Gemüse der Saison.

Salate und Rohkost

Preiswerte Wintergemüse:
Zwiebeln (reich an Vitamin C);
Knoblauch und Meerrettich (mit antibakteriellen Wirkstoffen);
Lauch (übt eine leichte Reizwirkung auf die Verdauungsorgane aus);
Sellerie (vitamin- und mineralstoffreich);
Möhren (mit hohem Karotingehalt);
Chinakohl (mit den Vitaminen A, B$_1$, C und den Mineralstoffen Kalium und Phosphor);
Weiß- und Rotkohl (200 g decken den Vitamin C-Tagesbedarf eines Erwachsenen);
Champignons (enthalten leicht verdauliches Eiweiß sowie viele Vitamine und Mineralstoffe).
Schnittlauch, Petersilie, Kresse und Getreidekeimlinge, auf dem Fensterbrett gezogen, stellen eine wertvolle und preiswerte Bereicherung der Frischkost dar. Sie sind garantiert biologisch gewachsen und kommen schnittfrisch auf den Tisch. Und wenn Sie Gewichtsprobleme haben: Rohkost sättigt anhaltend, entschlackt, erhöht Ihr Wohlbefinden und reduziert Ihr Gewicht.

Salatsaucen

Einige der folgenden Salatsaucen wie zum Beispiel die Roquefort- und die Dijonsauce eignen sich gut zum »Dippen« von Gemüse, so auch der Frischkäse-Dip. Reichen Sie dazu Bleichsellerie, Möhren, Gurkenscheiben, Tomatenachtel, Fenchel und Radieschen.

Mayonnaise

2 Eigelbe · 1 EßI. Dijonsenf
$^1/_4$ l Pflanzenöl · 2 EßI. Zitronensaft
1 Prise Zucker

● Zubereitungszeit: 10 Minuten

So wird's gemacht: Alle Zutaten müssen zimmerwarm sein. ● Die Eigelbe und den Senf mit dem Elektroquirl rühren und zunächst tropfenweise das Öl zugeben, bis die Menge cremig wird. Dann das restliche Öl unter Rühren in einem dünnen Strahl zufließen lassen. Mit dem Zitronensaft und dem Zucker abschmecken.

Mein Tip: Mayonnaise kann im Schraubverschlußglas im Kühlschrank bis zu 10 Tagen aufbewahrt werden. Sie ist kalorienärmer, wenn sie mit Magerquark oder Joghurt im Verhältnis 1:1 verrührt wird.

Dijonsauce

4 hartgekochte Eier · $^1/_4$ l Pflanzenöl
2 EßI. Zitronensaft · 4 EßI. Dijonsenf

● Zubereitungszeit: 10 Minuten

So wird's gemacht: Die Eier schälen und halbieren. Die Eigelbe durch ein Sieb streichen und unter ständigem Rühren langsam das Öl zugießen. Dann den Zitronensaft und den Senf zufügen.

Paßt gut zu: Blattsalaten und gekochtem Gemüse wie Erbsen, Bohnen, Möhren, Blumenkohl.

Dillsauce

1 Zwiebel · 150 g Crème fraîche
1 EßI. Zitronensaft · 1 Prise Zucker
Salz · weißer Pfeffer aus der Mühle
2 Bund Dill

● Zubereitungszeit: 10 Minuten

So wird's gemacht: Die geschälte Zwiebel reiben, mit der Crème fraîche und dem Zitronensaft verrühren. Mit den Gewürzen abschmecken. Den Dill waschen, feinschneiden und in die Sauce rühren.

Salate und Rohkost

Eiweißreiche, kalorienarme Salatsauce

100 g Magerquark · 2 Eßl. Milch
1 Becher Joghurt oder Sanoghurt
1 Zwiebel 1 große Essiggurke
1 hartgekochtes Ei
Salz · weißer Pfeffer aus der Mühle

• Zubereitungszeit: 20 Minuten

So wird's gemacht: Den Quark mit der Milch glattrühren, den Joghurt untermischen. Die Zwiebel schälen und mit der Gurke würfeln, das Ei kleinhacken. Alles unter den Quark heben und mit Salz und Pfeffer abschmecken.

French Dressing

1 Eigelb · 4 Eßl. Pflanzenöl
1 Becher Joghurt oder Sanoghurt
1 Eßl. Zitronensaft
1 Teel. edelsüßes Paprikapulver
1 Prise Zucker · Salz · weißer Pfeffer

• Zubereitungszeit: 10 Minuten

So wird's gemacht: Das Eigelb mit dem Elektroquirl verrühren, tropfenweise das Öl zufließen lassen. Alle übrigen Zutaten unter die Mayonnaise rühren.

Paßt gut zu: gemischten Salaten und Gemüsesalaten.

Knoblauchsauce

50 g Doppelrahm-Frischkäse
1 Becher Joghurt oder Sanoghurt
2 Knoblauchzehen · 2 Eßl. Pflanzenöl
1 Eßl. Obstessig
weißer Pfeffer aus der Mühle
1 Bund Schnittlauch

• Zubereitungszeit: 5 Minuten

So wird's gemacht: Den Käse mit dem Joghurt verrühren. Den Knoblauch schälen und durch die Knoblauchpresse in die Joghurtcreme drükken. Das Öl und den Essig unterrühren. Mit Pfeffer abschmecken. Den Schnittlauch waschen, kleinschneiden und in die Sauce geben.

Paßt gut zu: Tomaten-, Paprika-, Zwiebelsalat.

Vinaigrette-Dressing

2 hartgekochte Eier · 1 große Gewürzgurke
1 Zwiebel · 1 Eßl. Kapern
je 1 Bund Schnittlauch und Petersilie
10 Eßl. Pflanzenöl · 4 Eßl. Obstessig
4 Eßl. trockener Weißwein
1 Teel. scharfer Dijonsenf
Salz · schwarzer Pfeffer aus der Mühle

• Zubereitungszeit: 20 Minuten

So wird's gemacht: Die Eier schälen und wie die Gurke kleinwürfeln. Die Zwiebel schälen und feinreiben. Die Kapern kleinhacken. Den Schnittlauch und die Petersilie waschen und feinschneiden. Alle vorbereiteten Zutaten in eine Schüssel geben. • Aus dem Öl, dem Essig, dem Wein und dem Senf eine Sauce rühren. Mit den kleingeschnittenen Zutaten verrühren. Mit Salz und Pfeffer abschmecken.

Paßt gut zu: allen Blattsalaten, gekochtem Blumenkohl und Spargel.

Rotkäppchen-Sauce

Kinder sind begeisterte Rohkostesser, wenn ihnen dazu eine Sauce nach ihrem Geschmack serviert wird. Versuchen Sie es einmal mit dieser:

250 g selbstgerührte Mayonnaise
2 Becher Joghurt oder Sanoghurt
3 Eßl. Tomatenketchup · 2 Eßl. Zitronensaft
1 Bund Petersilie · Salz

● Zubereitungszeit: 5 Minuten

So wird's gemacht: Die Mayonnaise mit dem Joghurt, dem Ketchup und dem Zitronensaft gut verrühren. Die Petersilie waschen und feinschneiden. Unter die Sauce rühren und abschmecken.

Roquefortsauce

100 g Roquefortkäse · 100 ml Sahne
5 Walnüsse

● Zubereitungszeit: 10 Minuten

So wird's gemacht: Den Roquefort in eine Rührschüssel bröckeln. Die Sahne zufügen und mit dem Elektroquirl cremig rühren. Die gehackten Nüsse dazugeben.

Paßt gut zu: Fenchel, Radicchio, Chinakohl und Bleichsellerie.

Frischkäse-Dip

– mit rohem Gemüse eine vollwertige Mahlzeit.

200 g Doppelrahm-Frischkäse · 75 ml Sahne
1 Bund gemischte Kräuter
1 gehäufter Teel. edelsüßes Paprikapulver
Salz · weißer Pfeffer aus der Mühle

● Zubereitungszeit: 10 Minuten

So wird's gemacht: Den Käse mit der Sahne cremig rühren. Die gewaschenen, gehackten Kräuter untermischen, mit den Gewürzen abschmecken.

Orangensauce

Diese feine Sauce schmeckt besonders gut zu Bleichsellerie und frischen gekochten Artischocken. Die Artischockenböden werden mit der Sauce bestrichen und auf Salatblättern angerichtet, die Artischockenblätter in die Sauce gedipt.

4 Eßl. selbstgerührte Mayonnaise
4 Eßl. Joghurt oder Sanoghurt
Saft und unbehandelte, abgeriebene Schale von
$1/2$ Orange
1 Eßl. scharfer Dijonsenf · 1 Prise Zucker

● Zubereitungszeit: 10 Minuten

So wird's gemacht: Die Mayonnaise mit dem Joghurt, dem Orangensaft und der -schale und dem Senf verrühren. Mit dem Zucker abschmecken.

Sauce für Obstsalate

50 g Mandelblättchen · 10 g Butter
1 Eigelb · 1 Teel. Ahornsirup
2 Eßl. trockener Portwein oder Sherry
1 Eßl. Zitronensaft · 200 ml Sahne

● Zubereitungszeit: 15 Minuten

So wird's gemacht: Die Mandelblättchen in der Butter goldgelb rösten, dann abkühlen lassen. Das Eigelb mit dem Sirup, dem Wein und dem Zitronensaft cremig rühren. Die Sahne steifschlagen und vorsichtig unter die Creme ziehen. Die Sauce über vorbereitetes Obst geben und diese dann mit den Mandelblättchen bestreuen.

Salate und Rohkost

Bayerischer Rettichsalat

100 g Bavaria blue-Käse · 2 Eßl. Pflanzenöl
1 Eßl. Obstessig · 1 Teel. Dijonsenf
schwarzer Pfeffer aus der Mühle
2–4 weiße Rettiche, je nach Größe

● Zubereitungszeit: 15 Minuten

So wird's gemacht: Den Käse mit einer Gabel
zerdrücken. Das Öl, den Essig und den Senf
unterrühren, mit Pfeffer würzen. Die gut gewaschenen Rettiche in die Sauce raspeln und den
Salat durchziehen lassen.

Champignonsalat

250 g frische Champignons
150 g Crème fraîche
Salz · weißer Pfeffer · 2 Eßl. trockener Sherry
1 Bund Schnittlauch

● Zubereitungszeit: 30 Minuten

So wird's gemacht: Die Champignons waschen,
putzen und feinblättrig schneiden. Aus der Crème fraîche, Salz, Pfeffer, dem Sherry und dem
kleingeschnittenen Schnittlauch eine Sauce
rühren. Die Champignons zugeben und die
Sauce abschmecken.

Bunter Sommersalat
Bild Seite 26

Eine vollwertige Mahlzeit für heiße Tage.

1 kleiner Kopf Eissalat · 4 Tomaten
1 kleine Salatgurke · 1 Bund Radieschen
je 1 rote und grüne Paprikaschote
1 Zwiebel · 4 hartgekochte Eier
1 Knoblauchzehe · 6 Eßl. Pflanzenöl
3 Eßl. Obstessig · 2 Eßl. trockener Weißwein
1/2 Teel. Selleriesalz
je 1 Bund Schnittlauch und Petersilie

● Zubereitungszeit: 25 Minuten

So wird's gemacht: Den Eissalat teilen, waschen,
abtropfen lassen und zerpflücken. Die gewaschenen Tomaten, die geschälte Gurke und die
gewaschenen, geputzten Radieschen in Scheiben schneiden. Die gewaschenen Paprikaschoten von Rippen und Kernen befreien und in
Streifen, die geschälte Zwiebel in Ringe schneiden. ● Die Eier schälen und vierteln. ● Die
Knoblauchzehe schälen und 4 Portionsschalen
damit ausreiben. ● Die Salatzutaten und die
Eiviertel in den Schalen anrichten. ● Aus den
übrigen Zutaten und den gewaschenen, kleingeschnittenen Kräutern eine Salatsauce rühren
und über den Salat gießen.

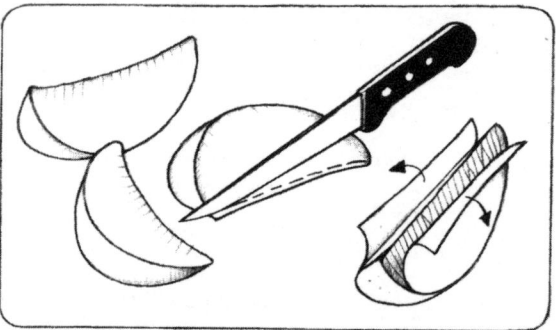

So werden Zitrusfrüchte filiert: Die Früchte schälen, in
Spalten teilen, die Haut mit einem scharfen Messer
einschneiden und ablösen.

Chicoréesalat

4 Stauden Chicorée · 2 Orangen
3 Eßl. Zitronensaft · 2 Eßl. Pflanzenöl
1/2 Teel. Ahornsirup · 1 Prise Ingwerpulver
Salz · weißer Pfeffer aus der Mühle
6 Walnüsse

● Zubereitungszeit: 30 Minuten

So wird's gemacht: Den Chicorée waschen, halbieren, den bitteren Keil herausschneiden, dann
die Stauden in 2 cm breite Streifen schneiden.
Die Orangen schälen, filieren und in Stücke

schneiden, zum Chicorée geben. • Aus dem Zitronensaft, dem Öl, dem Ahornsirup und den Gewürzen eine Sauce bereiten und unter den Salat ziehen. Mit den grobgehackten Walnüssen anrichten.

Eissalat

1 Kopf Eissalat · 4 Eßl. Pflanzenöl
3 Eßl. Obstessig · 2 Eßl. Apfelsaft
Salz · Stangenmeerrettich
1–2 Äpfel

• Zubereitungszeit: 20 Minuten

So wird's gemacht: Den Eissalat teilen, waschen, abtropfen lassen, zerpflücken und in eine Schüssel legen. • Aus dem Öl, dem Essig, dem Apfelsaft, Salz und dem geriebenen Meerrettich eine Sauce rühren. Die Äpfel schälen, in die Sauce reiben und diese über den Salat geben.

Fenchelsalat

750 g Fenchel · 2 Orangen
3 Eßl. Orangensaft · 2 Eßl. Zitronensaft
weißer Pfeffer aus der Mühle
5 Eßl. Pflanzenöl · 5 Walnüsse

• Zubereitungszeit: 20 Minuten

So wird's gemacht: Die Fenchelknollen waschen, putzen, halbieren und der Länge nach in feine Scheiben schneiden; so kommt der typische Fenchelgeschmack am besten zur Geltung. Die Orangen schälen, sorgfältig von der weißen Haut befreien und in feine Scheiben schneiden. Die Fenchel- und die Orangenscheiben in Portionsschälchen anrichten. • Aus dem Obstsaft, Pfeffer und dem Öl eine Sauce rühren, über Fenchel und Orangen geben. • Die Walnüsse hacken, das Grün vom Fenchel kleinschneiden und beides über den Salat streuen.

Griechischer Bauernsalat

1 Kopfsalat · 1 Salatgurke
2 Fleischtomaten · 1 grüne Paprikaschote
1 große rote Gemüsezwiebel
100 g schwarze Oliven · 250 g Schafkäse
5 Eßl. Pflanzenöl · 4 Eßl. Obstessig
Salz · schwarzer Pfeffer aus der Mühle
1 Teel. getrockneter oder 1 Eßl. frischer Oregano
1 Knoblauchzehe

• Zubereitungszeit: 20 Minuten

So wird's gemacht: Die Blätter vom Kopfsalat waschen, abtropfen lassen, zerpflücken und in Portionsschalen verteilen. Darauf die geschälte, in Scheiben geschnittene Gurke, die gewaschenen, in Achtel geschnittenen Tomaten, die gewaschene, von Rippen und Kernen befreite, in Streifen geschnittene Schote und die geschälte, in dünne Ringe geschnittene Zwiebel verteilen. Die Oliven dazugeben. • Den Schafkäse würfeln und auf dem Salat verteilen. • Aus dem Öl, dem Essig, den Gewürzen und der geschälten, gehackten Knoblauchzehe eine Salatsauce rühren und über die Salatportionen gießen.

Kohlrabirohkost

2 Orangen ·
5 Eßl. Pflanzenöl · Salz ·
weißer Pfeffer aus der Mühle
2 Eßl. Haselnüsse · 2–3 Kohlrabi
2–3 säuerliche Äpfel

• Zubereitungszeit: 30 Minuten

So wird's gemacht: Aus dem Saft von 1 Orange, dem Öl, Salz, Pfeffer, den feingeschnittenen Herzblättern der Kohlrabi und den grobgehackten Nüssen eine Marinade zubereiten. • Die Kohlrabi und die Äpfel schälen, mit dem Gemüsehobel in Stifte schneiden, mit der Salatsauce vermengen. • Die zweite Orange filieren, in Stückchen schneiden, zum Salat geben und diesen abschmecken.

Salate und Rohkost

Möhren-Apfel-Rohkost

3 Eßl. Pflanzenöl · 3 Eßl. Zitronensaft
1 Teel. Ahornsirup · 1 Prise Ingwerpulver
4 Möhren · 1–2 Äpfel, je nach Größe
einige Hasel- oder Walnüsse

● Zubereitungszeit: 15 Minuten

So wird's gemacht: Aus dem Öl, dem Zitronensaft, dem Sirup und dem Ingwerpulver eine Sauce rühren. ● Die gewaschenen und geputzten Möhren und die geschälten Äpfel in die Sauce raspeln. Mit den gehackten Nüssen vermengen, anrichten.

Rotkohlrohkost

etwa 600 g Rotkohl
8 Eßl. Pflanzenöl · 4 Eßl. Obstessig
1 Eßl. Ahornsirup · Salz
je 1 Prise gemahlene Nelken und gemahlener Kümmel
Saft und unbehandelte, abgeriebene Schale von 1 Orange
2 Zwiebeln · 2 säuerliche Äpfel

● Zubereitungszeit: 25 Minuten

So wird's gemacht: Den geputzten Rotkohl hobeln. Aus dem Öl, dem Essig, dem Sirup, Salz, den Gewürzen, dem Orangensaft und der -schale eine Sauce rühren. Die geschälten Zwiebeln und die Äpfel in die Marinade reiben, mit dem Rotkohl vermengen und gut durchziehen lassen.

Sauerkrautrohkost in drei Varianten

Sauerkraut enthält die Vitamine B$_1$, B$_2$ und C sowie die Mineralstoffe Kalium und Calcium. Wichtig ist der Gehalt an vorwiegend rechtsdrehender Milchsäure (siehe Seite 20), die eine regulierende Wirkung auf die Verdauungsvorgänge ausübt.

Sauerkraut mit Trauben

500 g Sauerkraut · 250 g blaue Trauben
3 Eßl. Pflanzenöl
je 1 Prise Zucker und Ingwerpulver

● Zubereitungszeit: 10 Minuten

So wird's gemacht: Das Sauerkraut kleinschneiden, die Trauben halbieren und entkernen. Das Öl mit dem Zucker und dem Ingwer vermischen, mit dem Sauerkraut und den Trauben vermengen, durchziehen lassen.

Sauerkrautsalat mit Ananas

$^1/_2$ frische Ananas · 500 g Sauerkraut
3 Eßl. Pflanzenöl · Saft von 1 Zitrone

● Zubereitungszeit: 10 Minuten

So wird's gemacht: Die Ananas in Scheiben schneiden, Schale und Strunk entfernen. Die Scheiben würfeln, mit dem kleingeschnittenen Sauerkraut vermengen und mit Öl und Zitronensaft vermischen. Durchziehen lassen.

Sauerkrautsalat mit roter Bete

1 rote Bete · 1 Apfel
500 g Sauerkraut · 3 Eßl. Pflanzenöl
1 Teel. gemahlener Kümmel · 1 Prise Zucker

● Zubereitungszeit: 15 Minuten

So wird's gemacht: Die rote Bete und den Apfel schälen und raspeln. Mit dem kleingeschnittenen Sauerkraut vermengen. Das Öl, den Kümmel und den Zucker zugeben. Durchziehen lassen.

Waldorf-Salat

125 g selbstgerührte Mayonnaise
1 Becher Joghurt oder Sanoghurt
2 Eßl. Zitronensaft · Salz · 1 Prise Zucker
1 kleine Sellerieknolle · 2 säuerliche Äpfel
1/2 frische Ananas · 8 Walnüsse
Zum Garnieren:
4 Apfelscheiben · 2 Walnüsse

• Zubereitungszeit: 30 Minuten

So wird's gemacht: Aus der Mayonnaise, dem Joghurt, dem Zitronensaft, Salz und Zucker eine Sauce rühren. • Die geschälte Sellerieknolle grob in die Sauce raspeln, ebenso die geschälten Äpfel. • Das gewürfelte Ananasfleisch und die gehackten Walnüsse zum Salat geben. • Den Salat in Portionsschalen anrichten und mit je 1 Apfelscheibe und 1/2 Walnußkern verzieren.

Weißkohlsalat

etwa 500 g Weißkohl
2 Eßl. ungeschwefelte Rosinen
2 Äpfel · 2 Zitronen
2 reife Bananen · 4 Orangen
1 Eßl. Ahornsirup
1 Messerspitze Ingwerpulver · 8 Walnüsse

• Zubereitungszeit: 25 Minuten

So wird's gemacht: Den Weißkohl putzen und hobeln. • Die Rosinen in heißem Wasser quellen lassen. • Die Äpfel schälen, raspeln und mit dem Saft von 1 Zitrone beträufeln. Die Bananen in Scheiben schneiden, 2 Orangen schälen, sorgfältig die weiße Haut entfernen und die Orangen in Scheiben schneiden. • Aus dem Saft der zweiten Zitrone und dem Saft der restlichen Orangen, dem Sirup und dem Ingwer eine Sauce rühren. • Den Kohl, das Obst und die abgetropften Rosinen mit der Salatsauce vermengen und mit den grobgehackten Walnüssen bestreuen.

Winter-Rohkost

2 Grapefruits · 200 g frische Champignons
1 Becher Joghurt oder Sanoghurt
2 Eßl. Sahne · Saft von 1 Zitrone
Salz · Pfeffer · Dill

• Zubereitungszeit: 25 Minuten

So wird's gemacht: Die Grapefruits schälen, filieren, das Fruchtfleisch würfeln. Den Fruchtsaft auffangen. Die Champignons waschen, putzen und feinblättrig schneiden. • Aus den übrigen Zutaten und dem Grapefruitsaft eine Salatsauce rühren und mit den vorbereiteten Zutaten verrühren.

Zwiebel-Orangen-Salat

2 große rote Gemüsezwiebeln · 4 Orangen
2 Eßl. Pflanzenöl · 2 Eßl. Obstessig · Salz
je 1 Prise Zucker und Ingwerpulver
schwarzer Pfeffer aus der Mühle

• Zubereitungszeit: 20 Minuten

So wird's gemacht: Die Zwiebeln schälen und in feine Ringe schneiden. Die Orangen schälen, sorgfältig von der weißen Haut befreien und in dünne Scheiben schneiden. Zwiebelringe und Orangenscheiben in eine Schüssel geben. • Eine Sauce aus den übrigen Zutaten bereiten und über Gemüse und Früchte gießen. Gut durchziehen lassen.

Gemüse rund ums Jahr

Gemüse besteht zu 90% aus Wasser, es ist also kalorienarm. Sein hoher Gehalt an Zellulose bewirkt eine anhaltende Sättigung. Gemüse sind vitamin- und mineralstoffreich. Lagern bei Zimmertemperatur, bei Licht und ohne Verpackung, Wässern und lange Kochzeiten in viel Flüssigkeit sind nährstoff- und geschmacksfeindlich.

Setzen Sie Gemüse in wenig heißer Flüssigkeit auf, bringen Sie es rasch zum Kochen, schalten Sie die Hitze so weit zurück, daß es gerade noch kocht oder dünstet. Der Topf bleibt geschlossen. Die Kochzeiten kurz halten, Gemüse muß seinen Biß behalten.

Günstig ist das Garen im Dampf oder, bei Gemüsen mit langer Garzeit, die Zubereitung im Schnellkochtopf.

Gemüse wird aufgewertet, wenn man zum gegarten Gericht rohes Gemüse derselben Sorte gibt. Zum Beispiel: gehackten, frischen Spinat zu gedünstetem Spinat, roh geriebene Möhren zu Möhrengemüse. Ebenso machen Sie es mit Kohlrabi oder Lauch. Sie können auch frische Kräuter über gekochtes Gemüse streuen.

Gemüsewasser entweder mitverwenden oder zur Suppe geben oder einen Gemüsecocktail zubereiten.

Gemüsecocktail

Für diesen alkoholfreien Aperitif verwendet man Gemüsewasser einschließlich Kartoffelwasser, wenn die darin gegarten Kartoffeln chemisch unbehandelt waren. Die Schalen der Kartoffeln müssen vor dem Dämpfen oder Kochen gründlichst unter fließendem Wasser gebürstet werden. Zum Gemüsewasser geben Sie:

- 1 gehäutete, pürierte Tomate
- frisch gepreßten Rettich-, Möhren-, Sellerie- oder rote-Bete-Saft
- Zitronen- oder Orangensaft
- gehackte, frische Kräuter (besonders aromatisch schmeckt Zitronenmelisse)
- Würzen Sie den Cocktail mit Sellerie- oder Knoblauchsalz

- Zubereitungszeit: 20 Minuten

So wird's gemacht: Alle Zutaten mischen, mit Sellerie- oder Knoblauchsalz abschmecken, gut gekühlt servieren.

Blumenkohl mit Kräuterhaube

1 Kopf Blumenkohl · Salz
3 Bund gemischte Kräuter
250 g selbstgerührte Mayonnaise
1 Becher Joghurt oder Sanoghurt
Saft von 1/2 Zitrone

- Zubereitungszeit: 30 Minuten

So wird's gemacht: Den Blumenkohl in wenig Salzwasser in etwa 15–20 Minuten garen. • Die Kräuter waschen, trockentupfen und feinhakken. • Die Mayonnaise mit dem Joghurt verrühren. • Den Blumenkohl mit dem Zitronensaft beträufeln und auf eine vorgewärmte Platte geben. Mit der Mayonnaise bestreichen und dick mit den Kräutern bestreuen.

Italienisches Bohnengemüse
Bild rechts

500 g grüne Bohnen · Salz
500 g Fleischtomaten
30 g Pflanzenmargarine
75 g geriebener Parmesankäse
1 gehäufter Eßl. Vollkornbrösel
1 Bund Petersilie

- Zubereitungszeit: 40 Minuten

So wird's gemacht: Die Bohnen waschen, putzen und in wenig Salzwasser 15 Minuten kochen. • Die Tomaten häuten und würfeln. Die gegarten Bohnen abtropfen lassen. • Die Margarine erhitzen. Die Bohnen und die Tomatenwürfel darin 5 Minuten köcheln lassen. • Den Käse

◁ Zum Bild auf Seite 61. Italienisches Bohnengemüse bringt Ferienstimmung in Ihren Speiseplan. Rezept Seite 60. Zum Bild links: Überbackener Fenchel, für Freunde würziger Gemüsegerichte. Rezept Seite 64.

mit den Bröseln vermengen und zu dem Gemüse geben. ● Die Petersilie waschen, trockentupfen und feinhacken. ● Das Gemüse mit der Petersilie bestreut anrichten.

Das paßt dazu: gekochter Grünkern. 250 g Grünkern über Nacht einweichen. Mit etwas Salz aufkochen und 1 Stunde bei milder Hitze ausquellen lassen oder im Schnellkochtopf in 20 Minuten garen.

Gefüllte Auberginen

2 Tassen Rundkorn-Naturreis
4 Tassen Wasser · Salz
2 mittelgroße Auberginen
2 EßI. Zitronensaft
250 g Tomaten · 1 Bund Petersilie
100 g geriebener Chester Käse
2 EßI. Crème fraîche

● Zubereitungszeit: etwa 1 Stunde 30 Minuten

So wird's gemacht: Den Reis in dem leicht gesalzenen Wasser aufkochen und 40 Minuten bei milder Hitze ausquellen lassen. ● Die Auberginen waschen, abtrocknen, die Stiele entfernen, der Länge nach halbieren und aushöhlen. Die Höhlungen mit dem Zitronensaft beträufeln und etwas salzen. ● Die Tomaten häuten und kleinwürfeln. ● Den Backofen auf 200° vorheizen. ● Die gewaschene, gehackte Petersilie, den Käse, das kleingeschnittene Auberginenfleisch, die Tomatenwürfel und den Reis mischen und die Masse in die Auberginenhälften füllen. ● Die Auberginen in einer gefetteten Auflaufform zugedeckt im Backofen in 30–40 Minuten garen. ● Die Früchte auf einer vorgewärmten Platte anrichten. Den Bodensatz mit der Crème fraîche lösen und diese Sauce beim Anrichten über das Gemüse geben.

Broccoli italienisch

1 kg Broccoli
100 g geriebener Parmesankäse
50 g Butter

● Zubereitungszeit: 30 Minuten

So wird's gemacht: Den Broccoli waschen, putzen, in Röschen und Stiele teilen, die Stiele vierteln. In wenig Salzwasser in etwa 15 Minuten garen. ● Die Butter erhitzen, bis sie braun wird. Den Broccoli abtropfen lassen, auf einer vorgewärmten Platte anrichten, mit dem Käse bestreuen und mit der Butter beträufeln.

Das paßt dazu: Kartoffelbrei oder Back-Kartoffeln.

Chicoréegemüse

4 kleine Stauden Chicorée
2 EßI. Zitronensaft
30 g Pflanzenmargarine
2 EßI. trockener Weißwein
Salz · weißer Pfeffer aus der Mühle
4 Fleischtomaten
8 dünne Scheiben Chester Käse

● Zubereitungszeit: 35 Minuten

So wird's gemacht: Die Chicoréestauden waschen, halbieren, den bitteren Keil herausschneiden, die Stauden mit dem Zitronensaft beträufeln. ● Die Margarine in einem Topf erhitzen und den Chicorée darin andünsten. Den Wein aufgießen, salzen, pfeffern. Nach 10 Minuten die gehäuteten, gewürfelten Tomaten über den Chicorée geben, nochmals 5 Minuten köcheln lassen. ● Die Käsescheiben auf das Gemüse legen und im geschlossenen Topf auf der heißen Herdplatte stehen lassen, bis der Käse geschmolzen ist.

Das paßt dazu: körnig gekochte Hirse.

Überbackener Chinakohl

1–2 Stauden Chinakohl
Salz · weißer Pfeffer aus der Mühle
$1/8$ l Sahne
100 g geriebener Emmentaler Käse
1 Bund Petersilie

• Zubereitungszeit: 50 Minuten

So wird's gemacht: Den Chinakohl waschen, putzen, der Länge nach halbieren und in wenig Salzwasser in 10 Minuten garen. • Den Backofen auf 200° vorheizen. • Den Chinakohl abtropfen lassen und mit den Schnittflächen nach unten in eine gefettete Auflaufform legen. • Die Sahne mit dem Käse und der gewaschenen, kleingeschnittenen Petersilie vermengen und über das Gemüse geben. • Etwa 30 Minuten im Backofen backen.

Kohlrouladen

In Österreich und Süddeutschland sind die Kohlrouladen als »Krautwickerl« bekannt.

3 Tassen Hirse · 6 Tassen Wasser
1 Kopf Weißkohl
250 g Champignons · 50 g Pflanzenmargarine
Salz · weißer Pfeffer aus der Mühle
1 Bund Petersilie · 10 Walnüsse
1 Ei · $1/2$ Tasse Hefebrühe
eventuell 3 Eßl. Sahne

• Zubereitungszeit: 1 Stunde 5 Minuten

So wird's gemacht: Die Hirse mit der doppelten Menge Wasser und etwas Salz aufkochen und 20 Minuten bei milder Hitze ausquellen lassen. • 8 große Kohlblätter 2–3 Minuten in Salzwasser blanchieren, dann abtropfen lassen. Die Champignons waschen, trockentupfen, putzen und feinblättrig schneiden. In 20 g Margarine mit etwas Salz und Pfeffer 5 Minuten dünsten. • Die Petersilie waschen und feinschneiden, die Nüsse grobhacken. • Die Hirse, die Champignons, die

Petersilie, die Nüsse und das Ei vermengen. Die Masse auf die Kohlblätter verteilen, diese seitlich einschlagen und aufrollen. Mit einem Faden verschnüren. • Die Rouladen in der restlichen Margarine von allen Seiten anbraten, die Brühe aufgießen und 20 Minuten dünsten. • Vor dem Anrichten die Fäden entfernen. Den Bodensatz eventuell mit etwas Sahne lösen und beim Servieren über die Rouladen gießen.

Überbackener Fenchel
Bild Seite 62

4 große Fenchelknollen
je 75 ml trockener Weißwein und Wasser
Salz · weißer Pfeffer aus der Mühle
2 Fleischtomaten · $1/8$ l Sahne
100 g geriebener Parmesankäse
1 gehäufter Eßl. Vollkornbrösel

• Zubereitungszeit: 1 Stunde

So wird's gemacht: Das Grün der Knollen zur Seite legen. Die Fenchelknollen waschen, putzen, der Länge nach halbieren und in einem Sud aus dem Weißwein und dem Wasser, mit Salz und Pfeffer gewürzt, in etwa 15 Minuten weichkochen. • Die Tomaten häuten und würfeln. Die Sahne mit dem geriebenen Käse, den Vollkornbröseln und dem sehr fein geschnittenen Fenchelgrün verrühren. • Den Backofen auf 200° vorheizen. • Die gegarten Fenchelhälften mit den Schnittflächen nach unten in eine gefettete Auflaufform legen, die Tomatenwürfel zwischen dem Fenchel verteilen und die Sahne-Käse-Mischung über das Gemüse gießen, 25 Minuten im Backofen backen.

Oberpfälzer Krengemüse

Kren ist die in Süddeutschland und Österreich übliche Bezeichnung für Meerrettich.

3–4 altbackene Vollkornbrötchen
600 ml klare Hefebrühe oder Gemüsebrühe

30 g Butter · 1 gehäufter Eßl. Vollkornmehl
4 Eigelbe · Stangenmeerrettich
$^1/_4$ Teel. Safran · Salz · Zucker

● Zubereitungszeit: 30 Minuten

So wird's gemacht: Die Brötchen kleinwürfeln, mit der Hälfte der Brühe aufkochen. ● Eine Schwitze aus der Butter und dem Mehl bereiten, mit der restlichen Brühe aufgießen. Den Brotbrei zugeben und aufkochen lassen. ● Den Topf vom Herd nehmen, die Eigelbe unterziehen, feingeriebenen Meerrettich nach Geschmack und den Safran zufügen, mit Salz und Zucker abschmekken.

Paßt gut zu: Hammelrippchen und Tellerfleisch.

Ratatouille

2 grüne Paprikaschoten · 1 Aubergine
2 Zucchini · 3 Fleischtomaten
1 große Zwiebel · 1 Knoblauchzehe
2 Eßl. Pflanzenöl · Salz · Pfeffer
Thymian · Majoran · Basilikum
100 g geriebener Parmesankäse
2 Eßl. Vollkornbrösel · 30 g Butter

● Zubereitungszeit: 1 Stunde 20 Minuten

So wird's gemacht: Das Gemüse waschen und putzen. ● Die Schoten in Streifen, die Auberginen in Scheiben schneiden, große Scheiben halbieren. Die Zucchini in Scheiben schneiden, die Tomaten häuten und würfeln. Die Zwiebel und den Knoblauch schälen und kleinschneiden. ● Das Öl in einem Topf erhitzen, das Gemüse zugeben und mit Salz, Pfeffer, Thymian, Majoran und Basilikum würzen, bei milder Hitze zugedeckt weichdünsten. ● Den Backofen auf 220° vorheizen. ● Das Gemüse in eine gefettete Auflaufform füllen. ● Den Käse mit den Vollkornbröseln vermischen und über das Gemüse geben, die Butter in Flöckchen darüber verteilen. 10–15 Minuten im vorgeheizten Backofen überbacken, bis der Käse Farbe bekommt.

Möhrenbratlinge

500 g Möhren · 100 g Weizenvollkornmehl
2 Eier · $^1/_2$ Teel. Selleriesalz
1 Zwiebel · 1 Bund Petersilie oder Dill
Pflanzenmargarine

● Zubereitungszeit: 40 Minuten

So wird's gemacht: Die Möhren waschen, putzen und reiben, mit dem Mehl, den Eiern, dem Salz, der geschälten, geriebenen Zwiebel und der gewaschenen, kleingeschnittenen Petersilie oder dem Dill zu einem Teig verrühren. ● Margarine in einer beschichteten Pfanne erhitzen. ● Mit einem Eßlöffel Teig in die Pfanne geben und die Küchlein von beiden Seiten braten.

Lauch überbacken

12 dünne Stangen Lauch (Porree)
40 g Butter · 2 Eßl. Vollkornmehl
etwa 200 ml Milch
100 g grobgeriebener Emmentaler Käse
Salz · weißer Pfeffer · geriebene Muskatnuß

● Zubereitungszeit: 1 Stunde

So wird's gemacht: Vom Lauch die dunkelgrünen Blätter abschneiden, die Stangen waschen, putzen, den Wurzelansatz entfernen, den Lauch in 10 cm lange Stücke schneiden. ● In wenig Salzwasser in 15 Minuten garen, den Lauch herausnehmen und abtropfen lassen. ● Den Backofen auf 220° vorheizen. ● Aus der Butter und dem Mehl eine Schwitze zubereiten, mit Gemüsewasser aufgießen, nach Bedarf Milch zugeben, bis eine dickflüssige Sauce entsteht. Mit dem Schneebesen den Käse in die Sauce rühren, mit Salz, Pfeffer und Muskatnuß würzen. ● Den Lauch in eine gefettete Auflaufform geben, die Sauce darübergießen und das Gemüse 20 Minuten im Backofen backen.

Das paßt dazu: Kartoffelbrei.

Schwarzwurzelgemüse

1 kg Schwarzwurzeln · Saft von 1 Zitrone
Salz · 30 g Pflanzenmargarine
1 gehäufter Eßl. Vollkornmehl
etwa 100 ml trockener Weißwein
100 g geriebener Emmentaler Käse
2 Eßl. Joghurt oder Sanoghurt
weißer Pfeffer aus der Mühle

● Zubereitungszeit: 1 Stunde

So wird's gemacht: Zum Putzen der Schwarzwurzeln Gummihandschuhe tragen. Die Schwarzwurzeln waschen, mit dem Kartoffelschäler
schälen, in etwa 2 cm lange Stücke schneiden
und sofort in Wasser mit Zitronensaft und Salz
legen, damit sie sich nicht verfärben. In etwa
15–20 Minuten weichkochen. ● Die Schwarzwurzeln abgießen, das Gemüsewasser auffangen. ●
Die Margarine in einer Pfanne erhitzen, das Mehl
darin aufschäumen lassen, soviel Gemüsewasser mit Wein aufgießen, daß eine geschmeidige
Sauce entsteht. Den Käse in der Sauce schmelzen lassen, den Joghurt unterrühren, mit Salz
und Pfeffer abschmecken. Die Schwarzwurzeln
in die Sauce geben und darin heiß werden lassen.

Das paßt dazu: in Folie gebackene Kartoffeln.

Gefüllte Schmorgurken

4 Schmorgurken · 750 g Fleischtomaten
50 g Haselnüsse · 1 Bund Petersilie
30 g Pflanzenmargarine
75 g geriebener Emmentaler Käse
Salz · weißer Pfeffer aus der Mühle

● Zubereitungszeit: 1 Stunde 5 Minuten

So wird's gemacht: Die Gurken waschen, der
Länge nach halbieren und aushöhlen. Die Tomaten häuten und würfeln. Die Nüsse grobhacken,
die gewaschene Petersilie feinhacken. ● Die
Margarine in einem Topf erhitzen, etwa $^2/_3$ der
Tomatenwürfel in den Topf geben. Aus dem
Fruchtfleisch der Gurken, den restlichen Tomaten, den Nüssen, dem Käse und der Petersilie
eine Füllung bereiten, mit Salz und Pfeffer
abschmecken. Die Gurken füllen, in das Toma-
tenbett setzen und etwa 30 Minuten in geschlos-
senem Topf schmoren.

Variante
Genauso lassen sich gefüllte Zucchini zubereiten.

Spargel mit Kräutersauce

1 kg Spargel · Salz · 1 Prise Zucker
je 1 Bund Petersilie, Schnittlauch und Dill
1 Beet Kresse · 4 Eßl. Obstessig
10 Eßl. Pflanzenöl · 2 Gewürzgurken
weißer Pfeffer aus der Mühle · 4 Eier

● Zubereitungszeit: 1 Stunde

So wird's gemacht: Den Spargel schälen und in
etwa 30 Minuten in leicht gesalzenem Wasser
mit einer Prise Zucker weichkochen. ● Die Eier in
10 Minuten hartkochen, schälen und hacken. ●
Die Kräuter waschen und feinschneiden. ● Den
Essig mit dem Öl und den gewaschenen, kleingeschnittenen Kräutern vermengen. ● Die Gurken feinwürfeln und in die Kräutersauce geben,
mit Pfeffer abschmecken. ● Den gegarten Spargel auf einer vorgewärmten Platte anrichten,
quer über die Mitte die Sauce geben, rechts und
links davon die gehackten Eier verteilen.

Spinatsoufflé

1 Paket tiefgefrorener Spinat (etwa 300 g)
4 Eier · 100 g geriebener Emmentaler Käse
Salz · geriebene Muskatnuß
4 Eßl. Sahne

- Auftauzeit: 3–4 Stunden
- Zubereitungszeit: 45 Minuten

So wird's gemacht: Den Spinat auftauen lassen. • Die Eier in Eigelbe und Eiweiße trennen. Den Spinat mit den Eigelben, dem Käse, den Gewürzen und der Sahne verrühren. • Den Backofen auf 200° vorheizen. • Die Eiweiße zu steifem Schnee schlagen und vorsichtig unter die Spinatmasse heben und diese in eine gefettete Auflaufform füllen. 30 Minuten im Ofen backen.

Staudensellerie mit grüner Sauce

1 kg Staudensellerie
300 g Crème fraîche
2 kleine Zwiebeln
2 Bund gemischte Kräuter
Stangenmeerrettich
Salz · 1 Prise Zucker

- Zubereitungszeit: 35 Minuten

So wird's gemacht: Den Sellerie waschen, putzen, in etwa 10 cm lange Stücke schneiden und in wenig Salzwasser 20 Minuten kochen. • Die Sauce aus der Crème fraîche, den geschälten, geriebenen Zwiebeln, den gewaschenen, kleingehackten Kräutern und dem geputzten, geriebenen Meerrettich nach Geschmack bereiten. Mit etwas Salz und dem Zucker abschmecken. • Den Sellerie abgießen und auf einer vorgewärmten Platte anrichten. Die Sauce zum Sellerie reichen.

Staudensellerie mit Tomatensauce

1 kg Staudensellerie · 1 Zwiebel
1 Knoblauchzehe · 30 g Butter
3 große Fleischtomaten

Salz · weißer Pfeffer · 1 Prise Zucker
2 Eßl. Sahne · 1 gehäufter Eßl. Vollkornbrösel
Basilikum

- Zubereitungszeit: 30 Minuten

So wird's gemacht: Den Sellerie waschen, putzen, in etwa 10 cm lange Stücke schneiden und in wenig Salzwasser in 20 Minuten garen. • Die Zwiebel und den Knoblauch schälen und kleinschneiden. Die Tomaten überbrühen, häuten, vierteln, entkernen und würfeln. • Die Butter erhitzen. Die Zwiebel und den Knoblauch darin glasig dünsten, die Tomatenwürfel zugeben, in 5 Minuten weichdünsten. • Mit dem Schneebesen oder dem Mixstab pürieren und würzen. • Die Sahne und die Brösel zufügen, mit Basilikum bestreuen. • Den Sellerie abgießen, abtropfen lassen und auf eine vorgewärmte Platte geben. Die heiße Sauce über den Sellerie gießen.

Bulgarischer Tomatentopf

1 kg Tomaten · 400 g Schafkäse · Salz
schwarzer Pfeffer aus der Mühle · Basilikum

- Zubereitungszeit: 45 Minuten

So wird's gemacht: Die Tomaten überbrühen, häuten, in Scheiben schneiden. Den Schafkäse in Würfel schneiden. • Den Backofen auf 220° vorheizen. • Eine Schicht Tomatenscheiben in einer gefetteten Auflaufform schuppenartig anrichten. Mit Salz, Pfeffer und kleingeschnittenem oder zerriebenem Basilikum würzen, die Hälfte des gewürfelten Käse darüberstreuen. Die zweite Schicht Tomatenscheiben in entgegengesetzter Richtung anordnen, würzen und mit dem restlichen Käse bestreuen. 25 Minuten im Backofen backen.

Zwiebelgemüse

500 g Gemüsezwiebeln
500 g säuerliche Äpfel · 40 g Butter
Salz · Zitronensaft

● Zubereitungszeit: 40 Minuten

So wird's gemacht: Die Zwiebeln schälen und würfeln. Die Äpfel schälen, vom Kerngehäuse befreien, in Spalten schneiden. ● Die Butter in einem Topf erhitzen und das Gemüse darin etwa 15 Minuten dünsten, mit Salz und Zitronensaft abschmecken.

Das paßt dazu: Getreidebratlinge oder gekochtes Rindfleisch.

Tomatensauce

2 Zwiebeln · 1 Knoblauchzehe
750 g Tomaten · 3 Eßl. Pflanzenöl
Salz · weißer Pfeffer aus der Mühle
Thymian · 1 Prise Zucker
frisches Basilikum oder Petersilie
eventuell 2–3 Eßl. Crème fraîche

● Zubereitungszeit: 40 Minuten

So wird's gemacht: Die Zwiebeln und den Knoblauch schälen und würfeln. Die Tomaten überbrühen, häuten, entkernen und würfeln. ● Das Öl erhitzen, die Zwiebeln und den Knoblauch darin glasig dünsten. Die Tomatenwürfel zugeben, würzen und die Sauce köcheln lassen, bis sie sämig ist. Das dauert mindestens 15 Minuten. ● Zuletzt die gewaschenen, gehackten Kräuter in die Sauce geben, eventuell mit Crème fraîche verfeinern.

Das paßt dazu: körnig gekochter Naturreis oder Grünkern mit grobgeriebenem Käse.

Wildgemüse

Sie geben der Frühjahrsmüdigkeit keine Chance, wenn Sie eine Kur mit Brennesseltee machen und häufig Wildgemüse essen, denn:
● Sie bewegen sich beim Suchen der Kräuter in frischer Luft,
● Sie führen Ihrem Körper Vitamine und Mineralstoffe zu und
● fördern die Blutreinigung, Blutbildung und den Stoffwechsel.
Brennesseln wirken blutreinigend, blutbildend und wassertreibend. Ihnen werden Heilkräfte gegen Rheuma, Gicht und Harnsteine zugeschrieben. Sie helfen bei Heuschnupfen und reinigen die Haut bei Akne und Ekzemen. Sammelzeit ist von März bis Mai. Nehmen Sie zum Sammeln Handschuhe mit. Das Brennen verschwindet entweder beim Wässern oder durch Erhitzen auf 60°.
Für eine Trinkkur gibt man eine Handvoll frischer Blätter in eine Porzellankanne, überbrüht sie mit 2 Tassen kochendem Wasser und läßt sie zugedeckt 5 Minuten ziehen. Dann abseihen. Davon sollten Sie täglich 3 Tassen schlückchenweise vor den Mahlzeiten trinken.
Löwenzahn sammelt man vor der Blüte, von März bis Mai. Löwenzahn ist ein ausgezeichnetes Blutreinigungsmittel, er wirkt entwässernd und stoffwechselfördernd. Löwenzahn enthält dreimal soviel Vitamin C und achtmal soviel Karotin wie Kopfsalat. Das Gemüse schmeckt in Butter gedünstet oder als Salat mit Essig-Öl-Marinade.
Sauerampfer ist ein hervorragendes Mittel gegen die Frühjahrsmüdigkeit. Er ist reich an Vitamin C und Eisen und gedeiht auch im Tontopf auf dem Fensterbrett. Die jungen Blätter schmecken gut als Salat, vermischt mit Orangenstückchen und Walnüssen.
Alle Wildgemüse sollten Sie nur auf abgelegenen Wiesen suchen.

Brennesselsalat

4 Eßl. Sahne · 1 Eßl. Obstessig
1 Teel. Ahornsirup · 1 Prise Salz
1 säuerlicher Apfel · junge Brennesselblätter
1 Zwiebel

● Zubereitungszeit: 20 Minuten

So wird's gemacht: Aus der Sahne, dem Essig, dem Sirup und dem Salz eine Marinade rühren. Den Apfel schälen und in die Marinade reiben. Die Brennesseln waschen, 2 Minuten blanchieren, abtropfen lassen, hacken und unter die Apfelsauce mischen. Die Zwiebel kleinhacken und über den Salat streuen.

Brennesselgemüse

500 g junge Brennesselblätter
1 Zwiebel · 20 g Butter
Salz · geriebene Muskatnuß
2 Eßl. Crème fraîche

● Zubereitungszeit: 35 Minuten

So wird's gemacht: Die Brennesseln waschen, putzen, in wenig Salzwasser in 10 Minuten garen, dann auf einem Sieb abtropfen lassen (das Gemüsewasser trinken). ● Die Brennesselblätter grobhacken. ● Die geschälte Zwiebel feinhacken. ● Die Butter in einem Topf erhitzen, die Zwiebel darin glasig dünsten und das Gemüse zugeben, kurz darin heiß werden lassen. Mit Salz, Muskatnuß und der Crème fraîche abschmecken.

Löwenzahnsalat

200 g junge Löwenzahnblätter
Vinaigrette-Dressing (Rezept Seite 54)

● Zubereitungszeit: 25 Minuten

So wird's gemacht: Die Blätter waschen, putzen, gut abtropfen lassen, in Streifen schneiden. ● Das Vinaigrette-Dressing wie im Rezept beschrieben zubereiten und zum Wildgemüse reichen.

Sauerampfersuppe

500 g Sauerampfer · 30 g Butter
3–4 mehlig kochende Kartoffeln
etwa 1 l klare Gemüsebrühe · Salz
geriebene Muskatnuß · weißer Pfeffer
3 Eßl. Sahne

● Zubereitungszeit: 55 Minuten

So wird's gemacht: Den Sauerampfer waschen, putzen, abtropfen lassen und kleinschneiden. Ein Viertel der Gemüsemenge beiseite legen. ● Die Kartoffeln schälen und würfeln. ● Den Sauerampfer in der Butter andünsten, die Kartoffeln zugeben, die Gemüsebrühe angießen. Mit Salz, Muskatnuß und Pfeffer würzen. Die Kartoffeln weichdünsten, die Suppe dann mit der Sahne verfeinern. ● Die zurückbehaltenen Blätter zur Suppe geben.

Milchsaures Gemüse

Milchsäurebakterien wandeln den Milchzucker der Gemüse in Milchsäure um. Das macht die Gemüse im Geschmack säuerlich, leichter verdaulich und haltbar. Durch Zugabe von Molke wird die Gärung beschleunigt. Es eignen sich folgende Gemüsesorten, einzeln oder gemischt: Weißkohl, Kohlrabi, Gurken, rote Bete, Zwiebeln, Möhren, Sellerie und Blumenkohl

Grundrezept:
Das Gemüse waschen, putzen, feinblättrig oder kleinschneiden, 2–3 cm hoch in einen Ton- oder Steinguttopf schichten, salzen, wieder eine Lage Gemüse hineingeben, salzen und so weiter. Auf 1 kg Gemüse gibt man 10–20 g Salz; je wasser-

haltiger die Gemüsesorte ist, desto geringer die Salzmenge.

Das Gemüse zuletzt mit einem Weißkohlblatt abdecken, beschweren und das Gefäß mit Plastikfolie und Gummiring luftdicht verschließen. Bei einer Lagertemperatur von etwa 15° ist das Gemüse nach 3–4 Wochen ausgegoren. Der Topf muß nach jeder Gemüse-Entnahme wieder luftdicht verschlossen werden. Man kann kleine Mengen in Gläser mit Schraubverschluß füllen und kurzzeitig im Kühlschrank aufbewahren.

Gemüse in Salzlake

Zutaten für einen Topf mit 10 l Fassungsvermögen:
3 l Wasser · 75 g Salz
6 kg Gemüse (siehe Seite 69)
6 Lorbeerblätter · 3 Knoblauchzehen
5 Nelken · 1 Eßl. Pimentkörner
100 g Senfkörner
frischer Meerrettich in Scheiben
frischer Estragon und Dill
Weißkohl

So wird's gemacht: Das Wasser mit dem Salz aufkochen und abkühlen lassen. • Das Gemüse waschen, putzen und kleinschneiden oder hobeln, zusammen mit den Gewürzen in den Topf schichten. • Das Salzwasser zuletzt über das Gemüse gießen, mit Weißkohlblättern abdecken, beschweren, luftdicht verschließen und kühl stellen.

Mischgemüse mit Molke

Zutaten für einen Topf mit 2 l Fassungsvermögen:
1 l Wasser · 15 g Salz
1 Tasse Molke (Reformhaus)
1 kg Gemüse (siehe Seite 69)
1 Eßl. Senfkörner · 1 Eßl. Wacholderbeeren
2 Knoblauchzehen

So wird's gemacht: Das Wasser mit dem Salz aufkochen und abkühlen lassen, die Molke zugeben. • Das gewaschene, geputzte, kleingeschnittene oder gehobelte Gemüse in den Topf geben, die Gewürze dazwischen. Zum Schluß das Salzwasser darübergießen, mit Weißkohlblättern abdecken, beschweren, zubinden und den Topf kühl aufbewahren.

Senffrüchte

10 kleine Birnen oder 8 Pfirsiche
100 g Senfkörner
50 g frischer Meerrettich in Scheiben
5 Nelken · 5 Lorbeerblätter
5 Pfefferkörner · 1 Prise Pimentpulver
Weinessig · Salz

• Zubereitungszeit: 40 Minuten
• Marinierzeit: mindestens 8 Tage

So wird's gemacht: Geschälte ganze Birnen in Wasser kochen, bis sie sich mit einem Zahnstocher durchstechen lassen. Oder die Pfirsiche überbrühen, häuten, halbieren und entsteinen, in Wasser weichkochen. • Nach dem Erkalten in einen Steinguttopf schichten, die Gewürze zwischen die Früchte geben. • Das Kochwasser mit Essig und Salz abschmecken, über das Obst gießen. Die Früchte müssen mit Flüssigkeit bedeckt sein. Den Topf mit Cellophan luftdicht zubinden.

Paßt gut zu: Käsefondue und Raclette.

Hülsenfrüchte

Hülsenfrüchte (= Leguminosen) bereichern die fleischlose Kost, denn sie enthalten zwischen 18 und 24,5% Eiweiß, sind reich an Vitamin B, Mineral- und Ballaststoffen.

Grundrezept:

Für ein Hauptgericht für 4 Personen verwendet man 350 g Hülsenfrüchte, als Beilage 200–250 g. Die Hülsenfrüchte in abgekochtem, kaltem Wasser über Nacht einweichen; sie müssen mit Wasser bedeckt sein. Dann mit einer halbierten Zwiebel und zusammengebundenem Suppengrün im Einweichwasser kochen.

Garzeiten:

für weiße Bohnen 90–100 Minuten

für gelbe Erbsen 80–90 Minuten

für Linsen 40–50 Minuten

Im Schnellkochtopf verringert sich die Garzeit für eingeweichte Hülsenfrüchte wesentlich:

weiße Bohnen brauchen 15–20 Minuten,

gelbe Erbsen 10–15 Minuten und

Linsen 8–10 Minuten.

Das Suppengrün und die Zwiebel entfernen, mit Salz und weißem Pfeffer würzen. Essig verfeinert das Aroma, Kümmel und Koriander machen die Hülsenfrüchte leichter verdaulich. Hülsenfrüchte nicht als Abendmahlzeit servieren!

Erbsensuppen-Eintopf

250 g gelbe Erbsen · abgekochtes Wasser
1 Bund Suppengrün · 1 Zwiebel
30 g Pflanzenmargarine · 1 Lorbeerblatt
1 gehäufter Eßl. Vollkornmehl
Salz · weißer Pfeffer aus der Mühle
Majoran und Thymian · 2 Eßl. Obstessig
1 Dose Sojawürstchen Frankfurter Art
1 Bund Petersilie

● Einweichzeit: über Nacht
● Zubereitungszeit: 35 Minuten

So wird's gemacht: Die Erbsen in dem Wasser einweichen. ● Mit dem Einweichwasser, der geschälten, halbierten Zwiebel, dem Suppen-grün und dem Lorbeerblatt im Schnellkochtopf in 15 Minuten weichkochen. ● Das Suppengrün, die Zwiebel und das Lorbeerblatt entfernen und die Erbsen durch ein Sieb streichen. ● Aus der Margarine und dem Mehl eine Schwitze bereiten, mit Wasser aufgießen, 5 Minuten köcheln lassen. Das Erbsenpüree zugeben, eventuell noch Wasser aufgießen. Mit den Gewürzen und dem Essig abschmecken. ● Die Würstchen in Scheiben schneiden und in der Suppe erwärmen. ● Den Eintopf mit Petersilie bestreut anrichten.

Erbsenpüree

300 g gelbe Erbsen · abgekochtes Wasser
1 Zwiebel · 1 Bund Suppengrün
1 Lorbeerblatt
30 g Butter · 1 Eigelb
Salz · weißer Pfeffer aus der Mühle

● Einweichzeit: über Nacht
● Zubereitungszeit: 35 Minuten

So wird's gemacht: Die Erbsen in dem Wasser einweichen. ● Mit der halbierten Zwiebel, dem Suppengrün und dem Lorbeerblatt 15 Minuten im Schnellkochtopf kochen. ● Die Zwiebel, das Suppengrün und das Lorbeerblatt entfernen, die Hülsenfrüchte mit dem Mixstab pürieren und durch ein grobes Sieb passieren. Mit der Butter und dem Eigelb verrühren, abschmecken.

Das paßt dazu: Sauerkraut oder selbsteingelegtes milchsaures Gemüse.

Salat aus weißen Bohnen

250 g weiße Bohnen · abgekochtes Wasser
1 rote Gemüsezwiebel
je 1 grüne und rote Paprikaschote
3 Eßl. Pflanzenöl · 2 Eßl. Obstessig
Knoblauchsalz · 1 Prise Zucker
weißer Pfeffer aus der Mühle

- Einweichzeit: über Nacht
- Zubereitungszeit: 40 Minuten

So wird's gemacht: Die Bohnen in dem Wasser einweichen. • Im Schnellkochtopf in 20 Minuten weichkochen, dann in ein Sieb gießen, abkühlen und abtropfen lassen. • Die Zwiebel feinwürfeln, die Schoten waschen, von Rippen und Kernen befreien, kleinwürfeln und mit den Bohnen in einer Schüssel vermengen. • Aus dem Öl, dem Essig und den Gewürzen eine Salatsauce bereiten, den Bohnensalat damit anmachen und etwas ziehen lassen.

Salat mit Kichererbsen

Kichererbsen enthalten 20% Eiweiß und ihr Vitamingehalt ist mit dem des Lebertrans vergleichbar.

250 g Kichererbsen
abgekochtes Wasser
1 Bund Suppengrün · 1 Zwiebel
1 grüne Paprikaschote · 2 Möhren
1/2 Salatgurke · 2 Tomaten
6 Eßl. Pflanzenöl · 4 Eßl. Obstessig
Salz · 1 Prise Zucker

- Einweichzeit: über Nacht
- Zubereitungszeit: 35 Minuten

So wird's gemacht: Die Kichererbsen in dem Wasser einweichen. • Mit dem gewaschenen, geputzten Suppengrün und der geschälten Zwiebel 20 Minuten im Schnellkochtopf kochen. Dann abgießen und abtropfen lassen. • Die gewaschene, von Rippen und Kernen befreite Schote in Streifen, die gewaschenen, geschabten Möhren in Stifte, die geschälte Gurke in Würfel und die gewaschenen Tomaten in Achtel schneiden. • Aus den übrigen Zutaten eine Salatsauce bereiten. • Das vorbereitete Gemüse mit den Kichererbsen mischen, mit der Salatsauce beträufeln und gut durchziehen lassen.

Variante
Sie können dieses Rezept auch mit weißen Bohnen zubereiten.

Linsensalat

375 g Linsen
abgekochtes Wasser
2 Zwiebeln · Salz · 1 Prise Zucker
4 Eßl. Pflanzenöl · 2 Eßl. Obstessig

- Einweichzeit: über Nacht
- Zubereitungszeit: 25 Minuten

So wird's gemacht: Die Linsen in dem Wasser einweichen. • 10 Minuten im Schnellkochtopf kochen, abgießen und abtropfen lassen. Die geschälten Zwiebeln grobwürfeln und mit den abgekühlten Linsen in eine Schüssel geben. • Aus den restlichen Zutaten eine Marinade bereiten und den Linsensalat damit anmachen. Gut durchziehen lassen.

Linsensuppe

250 g Linsen
abgekochtes Wasser
1 Zwiebel · 1 Bund Suppengrün
Salz · 1 Prise Zucker
2 Eßl. Obstessig · 1 Prise Thymian

- Einweichzeit: über Nacht
- Zubereitungszeit: 25 Minuten

So wird's gemacht: Die Linsen in dem Wasser einweichen. • Im Schnellkochtopf mit der halbierten Zwiebel und dem Suppengrün 15 Minuten kochen. • Die Suppe pürieren, durch ein Sieb passieren, eventuell noch Wasser aufgießen und mit Salz, dem Zucker, dem Essig und dem Thymian abschmecken.

Soja

Soja ist eine Hülsenfrucht und bereichert fleischlose Kost mit hochwertigem Eiweiß, essentiellen Fettsäuren, Vitaminen, Mineralstoffen, Lecithin und Ballaststoffen. Außerdem ist Soja ein diätetisches Lebensmittel: Es ist frei von Cholesterin und purinarm.

Für die folgenden Rezepte wird die gelbe Sojabohne verwendet; die grüne Sojabohne (Mungbohne) eignet sich hervorragend zum Keimen. In 4–6 Tagen ziehen Sie frische Sojasprossen (siehe Seite 91).

Gekochte Sojabohnen – Grundrezept:

1 Tasse Sojabohnen in 3 Tassen Wasser über Nacht einweichen. • In ein Sieb schütten, unter fließendem kalten Wasser abspülen. Mit 2 Tassen Wasser im Schnellkochtopf 25 Minuten kochen; den Topf abkühlen lassen, die Sojabohnen nicht kalt abbrausen.

Oder 1 Tasse eingeweichte Sojabohnen mit 4 Tassen Wasser 2–2$^1/_2$ Stunden kochen; bei Bedarf Wasser nachfüllen.

Diese gekochten Sojabohnen eignen sich als Salat, sie ergeben mit Rohkost und Pflanzenöl eine vollständige, wertvolle Mahlzeit.

Sojabohnensalat

1 Sellerieknolle
2 Tassen gekochte Sojabohnen
5 Eßl. Pflanzenöl · 2 Eßl. Obstessig
1 Eßl. Sojasauce
$^1/_2$ gestrichener Teel. Knoblauchsalz

• Zubereitungszeit: 40 Minuten

So wird's gemacht: Den Sellerie im Schnellkochtopf in 20–25 Minuten garen, je nach Größe der Knolle. Dann schälen, in Würfel schneiden und mit den Sojabohnen mischen. • Aus dem Öl, dem Essig, der Sojasauce und dem Knoblauchsalz eine Salatsauce rühren, über die Bohnen-Sellerie-Mischung gießen und gut durchziehen lassen.

Variante

Statt Sellerie können Sie für den Sojabohnensalat auch

• gekochte, gewürfelte rote Bete,
• gekochten Blumenkohl in Röschen,
• gekochte, in Scheiben geschnittene Möhren,
• gewürfelte rohe Zwiebeln,
• gewürfelte rohe Paprikaschoten verwenden.

Wenn Sie die gekochten Sojabohnen pürieren oder zu Brei stampfen, erhalten Sie eine nährstoffreiche Grundmasse zur Herstellung von Brotaufstrichen, die Sie mit Zwiebeln, Knoblauch, Gewürzgurken, Gartenkräutern, Salz, Pfeffer und Paprikapulver anmachen oder Bratlingen, die mit Vollkornbröseln, Ei, Zwiebeln, Petersilie, Salz und Pfeffer wie Hacksteaks zubereitet werden.

Sojamilch

Sojamilch gibt es im Reformhaus oder in Naturkostläden. Sie ist aber auch ohne großen Aufwand selbst herzustellen:

Grundrezept:

Sojabohnen etwa 12 Stunden in Wasser einweichen. • Das Wasser abgießen, die Bohnen mit kaltem Wasser abspülen. Nun zu den Bohnen die dreifache Volumenmenge Wasser geben und portionsweise im Mixbecher zerkleinern (je feiner der Brei, desto größer die Milchausbeute). Nun wird der Brei unter Rühren bis zum Kochen erhitzt; achten Sie darauf, daß er nicht anbrennt. Filtern Sie den Brei durch ein feines Sieb, oder noch besser: stellen Sie einen Durchschlag in eine große Schüssel. In den Durchschlag legen Sie ein Küchentuch aus Leinen. Der Brei wird in das Tuch geschüttet. Pressen Sie nun das Tuch mit dem Brei aus, indem Sie die vier Enden über dem Brei zusammenraffen und fest zusammendrehen. Die Flüssigkeit in der Schüssel ist die Sojamilch, die wie Kuhmilch verwendet wird. Der übrig gebliebene Kuchen im Leinentuch wird »Okara« genannt. Er enthält wertvolle Nährstoffe, besteht jedoch hauptsächlich aus Fasern und ist deshalb schwer verdaulich.

Sojoghurt

Aus Sojamilch läßt sich Sojoghurt herstellen. Sojamilch mit Joghurtkultur aus dem Reformhaus ansetzen. Bei einer Temperatur von 40° C dauert die Zubereitung 4–8 Stunden, bei Raumtemperatur 14–18 Stunden. Verwenden Sie beim zweiten und allen folgenden Ansätzen pro Liter Sojamilch 1 Becher des Sojoghurts als Starter.

Tofu (Sojaquark)

Ein chinesisches Sprichwort sagt: »Weise Männer, Yogis und Mönche ernähren sich von Luft, frischem Morgentau und Tofu!« Tofu ist reich an Nähr- und Wirkstoffen – Eiweiß, Vitaminen, Mineralstoffen – und arm an Kalorien: 100 g enthalten 72 Kalorien/302 Joule. Tofu gibt es in einigen Reformhäusern und in Naturkostläden; er muß im Kühlschrank aufbewahrt und innerhalb von 24 Stunden gegessen werden. Wenn Tofu mit Wasser bedeckt wird, das täglich gewechselt werden muß, kann man ihn zugedeckt im Kühlschrank bis zu 8 Tagen aufbewahren. Tofu können Sie auch selbst herstellen:

Grundrezept:

Gekaufte Sojamilch muß dafür abgekocht werden, die aus eigener Herstellung ist bereits gekocht. Man erhitzt die Sojamilch und gibt pro Liter Flüssigkeit 2 Eßlöffel Obstessig verdünnt mit $1/8$ l Wasser in die Milch und rührt öfters gut durch. Nach 10–20 Minuten ist die Milch geronnen; das heißt, die Molke setzt sich ab. Stellen Sie nun einen Durchschlag in eine Schüssel. In den Durchschlag legen Sie ein Küchentuch aus Leinen und schütten die geronnene Milch in dieses Tuch. Nach einiger Zeit binden Sie die vier Enden des Tuches zusammen, legen auf den Kuchen ein Holzbrett und beschweren es; dadurch wird die Molke aus dem Tofu gepreßt. Diese Molke eignet sich wie Seife zum Waschen, zum Geschirrspülen und zum Säubern von Holzgegenständen.

Es gibt noch eine einfachere Methode zur Herstellung von Tofu, die ausführlich im »Tofu-Buch« von William Shurtleff und Akiko Aoyagi beschrieben wird: 4 Tassen Wasser zum Kochen bringen, 2 Tassen Sojamehl klümpchenfrei einrühren, knapp 2 Eßlöffel Apfelessig zugeben. Im Schnellkochtopf 7 Minuten bei milder Hitze kochen und abkühlen lassen. Im Topf finden sich Tofu und Molke, diese werden dann wie beschrieben gefiltert.

Nachstehend finden Sie Zubereitungsarten und Rezepte für Tofu, die unserem europäischen Geschmack entgegenkommen, und die Sie nach Lust, Laune und Fantasie abändern können.

Tofu naturell:
Tofu in Scheiben schneiden, mit Sojasauce, mittelscharfem Senf, gehackten Zwiebeln, durchgepreßtem Knoblauch, gehackten Kräutern, Kresse oder Keimlingen essen.

Tofu gebraten:
Tofu in Scheiben schneiden, mit Sojasauce marinieren, in heißer Butter von jeder Seite etwa 1 Minute braten. Je länger Tofu brät, desto fester wird er.
Oder marinierten Tofu in Mehl wälzen oder in Mehl, Ei und Vollkornbröseln panieren und ausbacken. Dazu schmeckt Salat und Gemüse.

Tofu süß:
Tofu im Mixer pürieren, mit Mandelmus, Honig oder Ahornsirup, Zimt, Vanillepulver, Anis oder Ingwer abschmecken.
Oder pürierten Tofu mit frischgerührter Pflaumen- oder Aprikosenmarmelade (Rezept Seite 128) verrühren. Oder Orangensaft und abgeriebene Orangenschale oder Orangenlikör zugeben.

Tofu-Sahne:
Tofu pürieren, mit wenig natürlichen Süßmitteln, Vanillepulver, Zimt oder Ingwer würzen und anstelle von Sahne verwenden.

Tofu-Mayonnaise:
Tofu pürieren, mit Senf, Zitronensaft, Salz und Öl abschmecken.

Tofu-Remoulade:
Tofu-Mayonnaise mit verschiedenen Kräutern und gehackten Kapern vermengen.

Tofu-Kräuter-Dip:
Tofu im Mixer pürieren, nach Bedarf Milch zugeben, mit kleingeschnittenen Zwiebeln, Kräutern, Salz, Pfeffer und Paprikapulver pikant abschmecken.

Tofu-Aufstrich
Bild Seite 80

300 g Tofu · 3 Eßl. Pflanzenöl
2 Eßl. Obstessig · $1/2$ Teel. Selleriesalz
2 hartgekochte Eier · 1 Zwiebel
2 Gewürzgurken
1 Bund Petersilie

● Zubereitungszeit: 10 Minuten

So wird's gemacht: Tofu mit dem Öl, dem Essig und dem Salz pürieren. Dann die kleingewürfelten Eier, die geschälte, kleingeschnittene Zwiebel, die gewürfelten Gurken und die gewaschene, feingeschnittene Petersilie zugeben.

Tofu-Nuß-Creme

300 g Tofu · 1 Prise Salz
2 Eßl. Honig · 75 g Kokosflocken
75 g Haselnüsse
$1/2$ Teel. Zimt · $1/4$ Teel. Vanillepulver

● Zubereitungszeit: 5 Minuten

So wird's gemacht: Tofu pürieren, bei Bedarf Milch zugeben und mit den übrigen Zutaten und den feingemahlenen Nüssen gut verrühren.

Die nachfolgenden Rezepte sind mit Soja nach Fleischart zubereitet.

Soja-Cheeseburger

Das mögen Kinder ganz besonders gerne.

1 große Dose Soja-Phagschnitten
1 Ei · 2 Eßl. Vollkornbrösel
Pflanzenmargarine · 5 Scheiben Gouda-Käse
2 Tomaten · Petersilie

● Zubereitungszeit: 25 Minuten

So wird's gemacht: Die Phagschnitten abtropfen lassen. Jede Scheibe in verquirltem Ei und dann in den Semmelbröseln wenden. ● In einer Pfanne Margarine erhitzen und die Phagschnitten darin von beiden Seiten knusprig braten, dann warmstellen. ● Die Käsescheiben halbieren. Die Tomaten in Scheiben schneiden. Die Petersilie waschen. ● Zwischen je 2 gebratene Phagschnitten je $1/2$ Scheibe Käse, 1 Scheibe Tomate mit einem Zweig Petersilie und nochmals $1/2$ Scheibe Käse legen. ● Diese doppelstöckigen »Cheeseburger« wieder in die Pfanne geben und zugedeckt erhitzen, bis der Käse geschmolzen ist.

Mein Tip: Sie können Gemüse-Eintöpfe wie gewohnt zubereiten. Zur Eiweißanreicherung zerkleinern Sie Soja-Phag- oder Soja-Zart-Schnitten und erwärmen diese im fertigen Eintopf.

Soja-Hacksteaks

100 g Soja nach Hackfleischart
2 Eßl. Vollkornbrösel oder Weizenkleie
1 Ei · 1 Zwiebel
1 Bund Petersilie · 1 grüne Paprikaschote
1 Teel. Brecht's Grillgewürz

Salz · Pfeffer · edelsüßes Paprikapulver
Pflanzenmargarine

● Zubereitungszeit: 40 Minuten

So wird's gemacht: Das Soja nach Vorschrift quellen lassen. ● Die Brösel oder die Kleie mit heißem Wasser zu einem dicken Brei rühren. Dazu die Sojamasse, das Ei, die geschälte, kleingewürfelte Zwiebel, die gewaschene, kleingeschnittene Petersilie und die gewaschene, kleingewürfelte Paprikaschote geben, kräftig würzen. ● Hacksteaks formen und in heißer Margarine von beiden Seiten knusprig braten.

Sojasauce nach Bologneser Art

Kinder mögen die Sojasauce besonders gerne zu Vollkornspaghetti oder Naturreis.

100 g Soja nach Hackfleischart
1 Zwiebel · 1 Knoblauchzehe
2 Eßl. Pflanzenöl · 2 Eßl. Tomatenmark
1 Tasse Rotwein oder Apfelsaft
1 Eßl. Obstessig
1 Prise Zucker · Salz · Thymian · Oregano
$1/8$ l Sahne

● Zubereitungszeit: 25 Minuten

So wird's gemacht: Soja nach Vorschrift quellen lassen. ● Die Zwiebel und den Knoblauch schälen und feinhacken. ● Das Öl in einem Topf erhitzen. Die Zwiebel und den Knoblauch darin glasig dünsten. Das Tomatenmark zufügen, den Rotwein oder den Apfelsaft aufgießen. Die Sojamasse zugeben und alles 10 Minuten köcheln lassen. ● Die Sauce mit dem Essig und den Gewürzen abschmecken, mit der Sahne verfeinern.

Variante
Die Sojasauce kann aus geschmacklichen Gründen mit Parmesankäse abgerundet werden, zur Eiweißanreicherung ist dies nicht nötig.

Gefüllte Paprikaschoten
Bild Seite 80

2 Tassen Rundkorn-Naturreis
4 Tassen Wasser · Salz
100 g Soja nach Hackfleischart
4 gleichgroße Paprikaschoten
60 g Margarine · 1 Teel. Brecht's Grillgewürz
3 Eßl. Tomatenmark · 5 Eßl. Sahne
Salz · Pfeffer
getrockneter Oregano
1 Prise Zucker · 1 Eßl. Zitronensaft

● Zubereitungszeit: 1 Stunde 35 Minuten

So wird's gemacht: Den Reis in das leicht gesalzene, kochende Wasser geben und 40 Minuten bei schwacher Hitze ausquellen lassen. ● Soja nach Vorschrift quellen lassen. ● Die Schoten waschen, Deckel abschneiden, Kerne und weiße Rippen entfernen. ● 30 g Margarine erhitzen und die gequollene Sojamasse darin mit dem Grillgewürz anbraten. 1 Eßlöffel Tomatenmark und 2 Eßlöffel Sahne zufügen und alles 5 Minuten köcheln lassen. Mit den Gewürzen und dem Zitronensaft abschmecken. Den Reis untermischen. ● Die Schoten damit füllen, die Deckel aufsetzen. ● 30 g Margarine in einem Topf erhitzen und die Schoten in den Topf stellen. Das restliche Tomatenmark mit der Sahne glattrühren und zwischen den Schoten verteilen. Die gefüllten Schoten etwa 20 Minuten dünsten, dann aus dem Topf nehmen und warm stellen. ● Die Sauce nochmals abschmecken und zu den Schoten servieren.

Soja-»Gulasch«

100 g Sojafleischwürfel · 3–4 Zwiebeln
je 1 grüne und rote Paprikaschote
50 g Butterschmalz · 3 Eßl. Crème fraîche
1 Eßl. Tomatenmark
1 Eßl. edelsüßes Paprikapulver
1 Teel. Brecht's Grillgewürz
Salz · weißer Pfeffer · 1 Prise Zucker

• Zubereitungszeit: 40 Minuten

So wird's gemacht: Soja nach Vorschrift quellen lassen. • Die geschälten Zwiebeln in Würfel schneiden, die Paprikaschoten waschen, von Rippen und Kernen befreien und in kleine Würfel schneiden. • Für die Sauce 30 g Butterschmalz in einem Topf erhitzen, die Zwiebeln darin andünsten, die Paprikaschoten dazugeben. Die Crème fraîche mit dem Tomatenmark unterrühren und alles mit dem Paprika würzen. • Die Sojawürfel abgießen und abtropfen lassen. • Das restliche Butterschmalz in einer Pfanne erhitzen, die Sojawürfel darin andünsten, das Grillgewürz zugeben, anbraten und in die Sauce geben. 15 Minuten bei schwacher Hitze garen. Mit Salz, Pfeffer und Zucker abschmecken.

Das paßt dazu: Vollkornteigwaren oder Naturreis.

Szegediner Soja-»Gulasch«

100 g Sojafleischwürfel
50 g Butterschmalz · 300 g Zwiebeln
1 gehäufter Teel. Brecht's Grillgewürz
750 g Sauerkraut
etwa 200 ml Wasser · 1 Knoblauchzehe
1 Eßl. edelsüßes Paprikapulver
$1/2$ Eßl. Kümmel · Thymian
1 Eßl. Tomatenmark · 2 Eßl. Sahne

• Zubereitungszeit: 45 Minuten

So wird's gemacht: Soja nach Vorschrift quellen und abtropfen lassen. • Das Butterschmalz in einem Topf erhitzen, die in dünne Scheiben geschnittenen Zwiebeln darin andünsten. Die Sojawürfel und das Grillgewürz zufügen und anrösten. Das zerpflückte Sauerkraut zugeben und etwas Wasser aufgießen. Mit dem geschälten, kleingeschnittenen Knoblauch, dem Paprika, Kümmel und Thymian würzen. 15–20 Minuten dünsten. • Zuletzt das Tomatenmark und die Sahne zugeben und nochmals abschmecken.

Das paßt dazu: Erbsenpüree oder Kartoffelnudeln (Rezepte Seite 71 und 81).

Mein Tip: Das Gulasch wird zum Eintopfgericht, wenn Sie zusammen mit dem Kraut 3 geschälte und gewürfelte Kartoffeln zugeben.

Schweizer Sojawurstsalat

1 Dose Sojawürstchen Frankfurter Art
250 g Emmentaler Käse im Stück
1 große Zwiebel · 3 Eßl. Pflanzenöl
2 Eßl. Obstessig · 1 Prise Zucker
1 Bund Schnittlauch
schwarzer Pfeffer aus der Mühle

• Zubereitungszeit: 20 Minuten

So wird's gemacht: Die Würstchen in 1 cm lange Stücke schneiden, den Käse kleinwürfeln. Die Zwiebel schälen und in Ringe schneiden. • Aus dem Öl, dem Essig und dem Zucker eine Salatsauce bereiten, über die vorbereiteten Zutaten gießen und den Salat 10 Minuten ziehen lassen. • Den Salat mit dem gewaschenen, kleingeschnittenen Schnittlauch und mit Pfeffer servieren.

Variante
Aus dem Sojawurstsalat wird eine vollständige Mahlzeit, wenn Sie 4 Tomaten in Achtel und 2 grüne Paprikaschoten in Streifen schneiden und das Gemüse mit dem Salat mischen.

Die wertvolle Kartoffel

Kartoffeln enthalten 2% hochwertiges Eiweiß, 19% Kohlenhydrate, viele Vitamine und Mineralstoffe und nur 85 Kalorien/350 Joule pro 100 g. Sie sind leicht verdaulich.

Wählen Sie Kartoffeln beim Einkauf kritisch nach Sorte, Kocheigenschaften und Geschmack aus.

Gebräuchliche Sorten sind:

Hansa und Sieglinde (festkochend, für Salate), Clivia und Grata (vorwiegend festkochend, für Pellkartoffeln),

Datura und Saturna (mehlig festkochend für Püree und Kartoffelpuffer).

Kaufen Sie keine anonyme Ware und keine in Plastiksäckchen abgefüllten, schwitzenden Knollen. Kartoffeln müssen frei von Geruch, grünen Stellen, Beschädigungen, Fäulnis, Erde und Keimen sein.

Kartoffeln immer in der Schale garen, sonst verlieren sie Inhaltsstoffe: 15% Vitamin B_1, 32% Vitamin C, 20% Kalium und 26% Eisen! Biologisch angebaute Kartoffeln gründlich unter fließendem Wasser bürsten, mit der Schale verzehren, Kochwasser verwenden (siehe Seite 60)! Besonders schonend lassen sich Kartoffeln übrigens im »Kartoffelteufel«, den Sie in Haushaltsfachgeschäften und Kaufhäusern bekommen, zubereiten. Sie garen darin ohne Flüssigkeit und schmecken wie aus dem offenen Feuer.

Back-Kartoffeln
Bild rechts

mehlig kochende, gleich große Kartoffeln
Pflanzenöl · Salz · Kümmel

● Zubereitungszeit: 40 Minuten

So wird's gemacht: Die Kartoffeln unter fließendem Wasser gründlich bürsten, abtrocknen und der Länge nach halbieren. ● Den Backofen auf 200° vorheizen. ● Ein Backblech mit Alufolie (glänzende Seite nach oben) auslegen. Die Schnittfläche der Kartoffeln dünn und gleichmäßig mit Öl bestreichen, mit Salz und Kümmel bestreuen. ● Die Kartoffeln nebeneinander mit der Schnittfläche nach unten auf das Blech legen. Je nach Größe 25–30 Minuten im Ofen backen.

Mein Tip: Wenn Sie die übrige Mahlzeit (zum Beispiel Gemüse oder Sauerkraut) ebenfalls im Backofen garen, so wird aus der nährstoffschonenden Zubereitung auch eine energiesparende.

Kartoffelauflauf

1 kg mehlig kochende Kartoffeln
3 Eßl. Milch · 70 g weiche Butter · 1 Ei
Salz · weißer Pfeffer aus der Mühle · Muskat
250 g Gouda-Käse in Scheiben

● Zubereitungszeit: 1 Stunde 45 Minuten

So wird's gemacht: Die Kartoffeln 40 Minuten dämpfen. Dann schälen und durch die Kartoffelpresse drücken. Das Kartoffelpüree mit der Milch, 50 g Butter, dem Ei und den Gewürzen verrühren. ● Den Backofen auf 200° vorheizen. ● Eine gefettete Auflaufform schichtweise mit Kartoffelpüree und den Käsescheiben füllen, die letzte Schicht sollte aus Püree bestehen. Mit der restlichen Butter in Flöckchen belegen und etwa 45 Minuten im Ofen backen. Zusammen mit Blattsalat erhalten Sie ein vollständiges Essen.

Kartoffelgratin

1 kg mehlig kochende Kartoffeln
3/4 l Milch
Salz · weißer Pfeffer · Muskat
200 g Appenzeller oder Emmentaler Käse
200 ml Sahne
2 Knoblauchzehen · 1 Bund Petersilie

78

◁ Zum Bild auf Seite 79: Back-Kartoffeln sind eine würzige Beilage zu Quark und Gemüsegerichten. Rezept Seite 78. Bild links: Gefüllte Paprikaschoten und im Hintergrund Tofu-Aufstrich. Rezepte Seite 76 und 75.

• Zubereitungszeit: 1 Stunde 10 Minuten

So wird's gemacht: Die Kartoffeln schälen, mit einem Gurkenhobel in Scheiben schneiden. • Die Milch in einem Topf mit Salz, Pfeffer und Muskat würzen, die Kartoffelscheiben darin bei schwacher Hitze in 15 Minuten garziehen, dann abtropfen lassen. • Den Backofen auf 200° vorheizen. • Die Kartoffelscheiben in eine ausgebutterte Auflaufform schichten. • Den Käse reiben. • Die Sahne mit dem Käse, den durch die Presse gedrückten Knoblauchzehen und der gewaschenen, feingehackten Petersilie verrühren, über die Kartoffeln gießen. • Im vorgeheizten Backofen 25 Minuten backen.

Kartoffelnudeln

500 g mehlig kochende Kartoffeln
2 Eigelbe · Salz · geriebene Muskatnuß
evtl. 1–2 Eßl. Milch · Pflanzenmargarine

• Zubereitungszeit: 1 Stunde und 20 Minuten

So wird's gemacht: Die Kartoffeln weichdämpfen, schälen und durch die Kartoffelpresse drücken. Mit den Eigelben, Salz und Muskat und eventuell etwas Milch zu einem Teig verkneten. • Fingerdicke und -lange Nudeln rollen. • Die Margarine in einer Pfanne erhitzen, die Nudeln darin rundherum hellbraun braten.

Das paßt dazu: Gemüsegerichte, Sauerkraut und milchsaure Mischgemüse.

Kartoffelkuchen

500 g mehlig kochende Kartoffeln
1 Zwiebel · 20 g Pflanzenmargarine
125 g Magerquark
2 gehäufte Eßl. Vollkornmehl · Salz
4–6 Tomaten · 1 Eßl. Kapern
6 grüne Oliven · Oregano
Rosmarin · 200 g Gouda Käse im Stück

• Zubereitungszeit: etwa 1 Stunde 25 Minuten

So wird's gemacht: Die Kartoffeln 40 Minuten dämpfen. Dann schälen und durch die Kartoffelpresse drücken. • Die Zwiebel feinwürfeln und in der Margarine hellgelb dünsten. Die Kartoffelmasse mit der Zwiebel, dem Quark, dem Mehl und Salz zu einem Teig verarbeiten. Den Boden einer gefetteten Springform mit der Teigmasse belegen, einen Teigrand bilden. • Den Backofen auf 200° vorheizen. • Die gewaschenen Tomaten in Scheiben schneiden, den Teig gleichmäßig damit belegen, die Kapern und die Oliven darüber verteilen, mit Salz bestreuen und mit Oregano und Rosmarin würzen. Den Käse in kleine Würfel schneiden und auf dem Kuchen verteilen. • Den Kuchen 35 Minuten im Ofen backen. Heiß servieren.

Gefüllte Kartoffeln

8–10 mehlig kochende Kartoffeln
250 g Magerquark
6 Eßl. Sahne · 250 g Roquefortkäse
1 Eßl. Birnenbrand · 30 g Butter

• Zubereitungszeit: 20 Minuten
• Garzeit: 50 Minuten

So wird's gemacht: Die Kartoffeln 20 Minuten im Kartoffeldämpfer garen und abschrecken. • Die Kartoffeln schälen, Deckel abschneiden und die Kartoffeln aushöhlen. • Den Backofen auf 180° vorheizen. • Aus dem Quark, der Sahne, dem zerbröckelten Käse und dem Alkohol eine cremige Masse rühren. Die Kartoffeln damit füllen. Die Deckel aufsetzen und die Kartoffeln in eine gefettete Auflaufform stellen. Die Butter in Flöckchen darübergeben. • Die Kartoffeln 30 Minuten im vorgeheizten Backofen backen. • Mit Blattsalat eine vollständige Mahlzeit.

Quark-Reibekuchen

500 g Kartoffeln · 150 g Magerquark
2 kleine Eier · 2 Zwiebeln
2 gehäufte Eßl. Weizenvollkornmehl
$1/2$ Teel. Salz
weißer Pfeffer aus der Mühle
1 Bund Petersilie · Pflanzenmargarine

● Zubereitungszeit: 50 Minuten

So wird's gemacht: Die Kartoffeln schälen und reiben. Mit dem Quark, den Eiern, den geschälten, feingeriebenen Zwiebeln, dem Mehl, dem Salz, Pfeffer und der gewaschenen, kleingeschnittenen Petersilie zu einem Teig verrühren. ● Margarine in einer beschichteten Pfanne erhitzen. ● Mit einem Eßlöffel Teig in die Pfanne geben und kleine Küchlein braten. ● Mit Gemüse, Salat oder Kompott ein vollwertiges Essen.

Käse-Kartoffelpuffer

8 mittelgroße, mehlig kochende Kartoffeln
1 Zwiebel · 1 gehäufter Eßl. Vollkornmehl
1 Ei · 1 Bund Petersilie
weißer Pfeffer aus der Mühle
200 g geriebener Gouda Käse
Pflanzenmargarine

● Zubereitungszeit: 50 Minuten

So wird's gemacht: Die rohen geschälten Kartoffeln reiben und durch ein Küchentuch pressen. Die Zwiebel schälen und in die Kartoffelmasse reiben. Das Mehl, das Ei, die gewaschene, kleingeschnittene Petersilie, Pfeffer und den Käse zufügen und zu einem Teig vermengen. ● In heißer Margarine kleine Fladen ausbacken. Wenden, wenn sich die Ränder goldbraun färben. ● Mit Salat eine vollständige Mahlzeit.

Kartoffelknödel

1 kg mehlig kochende Kartoffeln
Salz

● Zubereitungszeit: 1 Stunde 5 Minuten

So wird's gemacht: Am Vortag 500 g Kartoffeln 20 Minuten dämpfen, mit kaltem Wasser abschrecken, schälen, zugedeckt aufbewahren. ● Am nächsten Tag die gekochten Kartoffeln feinreiben. ● Die rohen Kartoffeln waschen, schälen, feinreiben und durch ein sauberes Tuch pressen. ● Die gekochte und die rohe Kartoffelmasse mischen, salzen, 8–10 Knödel formen, in kochendes Salzwasser legen und 20 Minuten darin ziehen lassen.

Mein Tip: Um einem Verfärben der rohen Kartoffelmasse vorzubeugen, kann man die rohen Kartoffeln in kaltes Wasser reiben, dann im Tuch auspressen. Diese Methode ist jedoch nährstoffindlich

Kartoffelchips

Mehlig kochende Kartoffeln · Salz
edelsüßes Paprikapulver

● Zubereitungszeit: 10 Minuten
● Backzeit: 30–40 Minuten

So wird's gemacht: Den Backofen auf 180° vorheizen. ● Rohe Kartoffeln schälen, mit dem Gurkenhobel in dünne Scheiben hobeln. ● Das Backblech mit Backpapier belegen, die Kartoffelscheiben auf dem Papier verteilen, leicht salzen und mit Paprikapulver bestreuen. 30–40 Minuten im vorgeheizten Backofen backen.

Gutes aus Getreide

Weizen ist das wichtigste Brotgetreide der Erde. Wegen seines hohen Gehalts an Klebereiweiß hat Weizenmehl hervorragende Backeigenschaften.

Roggen enthält weniger Eiweiß als Weizen. Das Mehl hat einen intensiven Eigengeschmack und eine dunkle Farbe. Es wird hauptsächlich zum Brotbacken verwendet.

Buchweizen, ein Knöterichgewächs, ist reich an Mineralstoffen, vor allem an Magnesium. Er wird zu Mehl oder Grütze vermahlen. Buchweizen enthält einen Farbstoff, auf den manche allergisch reagieren. Wenn Sie Buchweizen im ganzen kochen, sollten Sie ihn vorher mit kochendem Wasser überbrühen, dieses Wasser wegschütten und mit frischem Wasser aufsetzen.

Dinkel ist eine alte Kulturform des Weizens, bei dem die Spelzen mit dem Korn verwachsen sind. Dinkel besitzt mit seinem hohen Kleberanteil gute Backeigenschaften.

Grünkern ist gedarrter Dinkel.

Gerste ist besonders reich an B-Vitaminen und Vitamin E.

Hafer enthält von allen Getreidesorten am meisten Eiweiß, nämlich 13%, hat einen hohen Vitamin-B-Gehalt und ist reich an Mineralstoffen. Hafer läßt sich wegen seines hohen Fettgehaltes von 7% nicht in jeder Getreidemühle mahlen. Er ist besonders leicht verdaulich. Der Haferkost werden leistungssteigernde, wachstumsfördernde und psychotrope Wirkungen (gehobene Stimmungslage, erhöhte Aktivität) zugeschrieben.

Hirse ist die basenreichste Getreidesorte und leicht verdaulich. Wegen ihres hohen Kieselsäuregehalts verhilft sie zu schöner Haut, gesundem Haar und stabilen Nägeln.

Mais enthält keinen Kleber, deshalb ist Maismehl zum Backen nur bedingt geeignet. Er spielt eine Rolle in der Diätetik.

Reis ist das Grundnahrungsmittel des Fernen Ostens. Das Korn hat 2 Schalen: die harte Hülse und das Silberhäutchen. Letzteres enthält Eiweiß, Fett, Ballaststoffe, B-Vitamine und Mineralstoffe. Vom Naturreis wird nur die harte Schale entfernt. Er bleibt ein vollwertiges Lebensmittel. Beim Parboiled Reis werden die Nährstoffe des Silberhäutchens in das Korninnere gedämpft. Dem geschälten, polierten Reis fehlen das Silberhäutchen und der Keimling und damit 10% Eiweiß, 85% Fett, 70% Mineralstoffe und 85% B-Vitamine.

Dreikorn besteht aus Hafer, Gerste und Weizen.

Kruska ist eine Mischung aus den Getreidesorten Weizen, Roggen, Hirse, Gerste und Hafer.

Sechskorn enthält Weizen, Roggen, Gerste, Hafer, Hirse und Buchweizen.

Getreide in Demeter-Qualität führen Reformhäuser und Naturkostläden. Preiswert ist der «Kauf-ab-Hof» in einem ohne chemischen Dünger bewirtschafteten Betrieb.

Getreide sollte unmittelbar vor der Verarbeitung gemahlen werden, da beim Lagern des Mehls wertvolle Vitalstoffe verlorengehen.

Zum Mahlen und Schroten brauchen Sie eine Mühle. Für kleinere Portionen reicht eine Handmühle. Für die Herstellung von Brot und Gebäck sollte man sich eine elektrische Getreidemühle anschaffen. Vom gesundheitlichen Standpunkt aus sind Mahlwerke aus Stahl und Stein gleichwertig. Stahlmühlen mahlen auch Leinsamen, Mohn und Sesam und sind wesentlich preiswerter. Für viele Küchenmaschinen gibt es Zusatzgeräte.

Wenn Sie keine Mühle haben, können Sie Vollkornmehl als Weizenmehl Type 1700 und als Roggenmehl Type 1800 im Reformhaus kaufen. Manche Geschäfte mahlen Getreide im Beisein der Kunden. Bei den angegebenen Zubereitungszeiten in den Rezepten ist die Zeit für das Mahlen von Getreide nicht berücksichtigt.

Sie können Getreidekörner – mit Ausnahme von Grünkern, der bereits gedarrt ist – vor dem Zubereiten darren. Dadurch wird der Garprozeß verkürzt und das Getreide bleibt körniger. Um Getreide zu darren, streuen Sie es auf ein Backblech und geben dieses für 1 Stunde in den auf höchstens 80° geheizten Backofen. Bei dieser Temperatur bleibt die Keimfähigkeit des Getreides weitgehend erhalten. Durch die Verzuckerung der Stärke beim Darren wird das Getreide sozusagen vorverdaut, das heißt, seine Bekömmlichkeit wird erhöht.

Gutes aus Getreide

Die Wassermenge, in der das Getreide gekocht wird, ist abhängig von der Getreidesorte, vom Hitzegrad (je höher die Temperatur, desto höher ist der Wasserverbrauch) und von der Topfgröße (je größer der Topf, desto schneller verbraucht sich das Wasser).

Das durchschnittliche Verhältnis von Getreide zu Wasser ist 1:2.

Zubereitung von ganzen Getreidekörnern – Grundrezept:
Gemüsebrühe oder Wasser mit etwas Salz zum Kochen bringen. • Das Getreide in die Flüssigkeit geben, einmal aufkochen und dann bei milder Hitze im geschlossenen Topf ausquellen lassen. Nicht umrühren, sonst entsteht aus dem körnigen Getreide ein Brei. – Sie können den geschlossenen Topf nach dem Aufkochen auch in den auf 200° vorgeheizten Backofen stellen und das Getreide ausquellen lassen.

Buchweizen und Hirse haben eine Ausquelldauer von 20–25 Minuten,
Reis, Weizen und Roggen von 45–50 Minuten,
Gerste, Grünkern, Dinkel und Mais von 60 Minuten.

Mein Tip: Im Schnellkochtopf verringert sich die Garzeit um etwa die Hälfte. Verwenden Sie die verschiedenen körnig gekochten Getreidesorten wie Reis als Beilage.

Buchweizenauflauf

500 g Buchweizen · 1 l Gemüsebrühe
100 g Emmentaler Käse
100 ml Sahne · 1 Bund Petersilie

• Zubereitungszeit: 1 Stunde

So wird's gemacht: Den Buchweizen mit kochendem Wasser überbrühen, das Wasser abgießen. • Die Brühe erhitzen, den Buchweizen darin aufkochen und zugedeckt 20 Minuten ausquellen lassen. • Den Backofen auf 190° vorheizen. • Den Käse reiben, mit der Sahne und der gewaschenen, feingeschnittenen Petersilie verrühren, mit dem Buchweizen vermengen. • Eine Auflaufform einfetten, den Buchweizenbrei einfüllen, im Backofen auf der mittleren Schiene 15–20 Minuten backen.

Blinis

Diese »russischen« Pfannküchlein ißt man als Beilage zu Gemüse- und Fleischgerichten; sie schmecken auch gut mit einem Tupfen saurer Sahne zu Salat.

100 g Vollkornweizenmehl
100 g Roggenvollkornmehl
3 Eßl. Sojamehl · 4 Eier · $^1/_2$ Teel. Salz
400 ml Milch · Pflanzenmargarine

• Zubereitungszeit: 25 Minuten
• Quellzeit: 30 Minuten

So wird's gemacht: Die Eier trennen. • Das Mehl mit den Eigelben, dem Salz und der Milch verrühren. Den Teig 30 Minuten quellen lassen. • Die Eiweiße zu schnittfestem Schnee schlagen und unter den Teig heben. • Margarine in einer beschichteten Pfanne erhitzen. Jeweils 1 Eßlöffel Teig in die Pfanne geben und die Blinis von beiden Seiten knusprig braten.

Getreideküchlein

2 Tassen Getreidekörner · 4 Tassen Wasser
1 große Zwiebel · $^1/_2$ Teel. Salz
1 Ei · 1 Bund Petersilie
Pflanzenmargarine

• Quellzeit: über Nacht
• Zubereitungszeit: 1 Stunde

So wird's gemacht: Das Getreide einweichen. • Im Einweichwasser aufkochen und 30 Minuten ausquellen lassen. Das Getreide mit der geschälten Zwiebel und der gewaschenen Petersilie durch den Fleischwolf drehen. Mit Salz und dem Ei zu einem Teig vermengen. • Flache Küchlein daraus formen und diese in einer beschichteten Pfanne in heißer Margarine auf beiden Seiten goldbraun braten.

Gerstenbratlinge

2 Tassen Gerste · 4 Tassen Wasser
1 Zwiebel · 20 g Pflanzenmargarine
2 Eßl. Sojamehl · 2 Eier · 1/2 Teel. Salz
1 Bund Petersilie
100 g geriebener Emmentaler Käse
Pflanzenmargarine

• Quellzeit: über Nacht
• Zubereitungszeit: 1 Stunde 35 Minuten

So wird's gemacht: Die Gerste in dem Wasser einweichen. • Dann in dem Einweichwasser aufkochen und 1 Stunde ausquellen lassen. • Die Zwiebel schälen und feinwürfeln. • Die Margarine erhitzen und die Zwiebel darin hellgelb rösten. • Die Gerste durch den Fleischwolf drehen, mit der Zwiebel, dem Sojamehl, dem Ei, dem Salz, der gewaschenen, kleingeschnittenen Petersilie und dem Käse vermengen. Bratlinge formen und in heißer Margarine von beiden Seiten knusprig braten.

> Mein Tip: Statt Gerste können Sie für die Bratlinge auch andere Getreidesorten verwenden.

Grünkernauflauf

1/2 l Gemüsebrühe
175 g Grünkern, mittelfein gemahlen
3 Eier · 1 Bund Petersilie
100 g grobgeraspelter Chester Käse

• Zubereitungszeit: 1 Stunde 10 Minuten

So wird's gemacht: Die Gemüsebrühe erwärmen, den Grünkernschrot einstreuen und unter Rühren aufkochen, 10 Minuten ausquellen und dann auskühlen lassen. • Den Backofen auf 200° vorheizen. • Die Eier trennen. • Den abgekühlten Brei mit dem Käse und den Eigelben vermengen, die gewaschene, kleingeschnittene Petersilie zugeben. • Die Eiweiße zu steifem Schnee schlagen und unter den Grünkernbrei ziehen. In eine gefettete Auflaufform füllen. • Den Auflauf etwa 30 Minuten auf der mittleren Schiene im Ofen backen.

Das paßt dazu: Tomatensauce (Rezept Seite 68) oder Tomatensalat.

Grünkernpüree

125 g Grünkern, mittelfein gemahlen
1/2 l Wasser · 1/4 gestrichener Teel. Salz
1 Zwiebel · 1 Bund Petersilie
30 g Butter

• Zubereitungszeit: 25 Minuten

So wird's gemacht: Den Grünkernschrot in das lauwarme Wasser rühren und mit dem Schneebesen schlagen, bis der Brei aufkocht, dann zugedeckt 10 Minuten ausquellen lassen. • Den Brei salzen, die geschälte, kleingeschnittene Zwiebel und die gewaschene, kleingeschnittene Petersilie zugeben, mit der Butter verfeinern und in einer angewärmten Schüssel anrichten.

Das paßt dazu: milchsauer eingelegtes Gemüse oder Sauerkraut.

Grünkernküchlein
Bild Seite 25

250 g Grünkern, mittelfein gemahlen
800 ml Gemüsebrühe · 1 Zwiebel
1 Bund Petersilie · 25 g Butter
2 Eier · Pflanzenmargarine

• Zubereitungszeit: 45 Minuten

So wird's gemacht: Den Grünkernschrot in die lauwarme Brühe rühren und mit dem Schneebesen schlagen, bis der Brei aufkocht. Zugedeckt 10 Minuten ausquellen und erkalten lassen. • Die Zwiebel und die gewaschene, trockengetupfte Petersilie kleinschneiden und in der Butter dünsten. • Mit den Eiern zur Getreidemasse geben und alles gründlich vermengen. • Aus dem Teig Küchlein formen und diese in einer beschichteten Pfanne in der Margarine auf beiden Seiten backen.

Hirse als Beilage

1 Zwiebel · 1 Möhre
1 Stange Lauch (Porree) · 1 Stück Sellerie
40 g Pflanzenmargarine
2 Tassen Hirse · 4 Tassen Wasser · Salz

• Zubereitungszeit: 35 Minuten
• Garzeit: 20 Minuten

So wird's gemacht: Das Gemüse waschen, putzen und kleinschneiden. • Die Margarine in einem Topf erhitzen. Das Gemüse darin weichdünsten, die Hirse zufügen und mit dem Wasser auffüllen, salzen. Aufkochen und 20 Minuten bei milder Hitze ausquellen lassen.

Hirsesoufflé

2 Tassen Hirse · 4 Tassen klare Gemüsebrühe
4 Eier · 100 g geriebener Gouda Käse
1 Bund Petersilie · 20 g Butter

• Zubereitungszeit: 1 Stunde 15 Minuten

So wird's gemacht: Die Hirse in die kochendheiße Brühe geben und 20 Minuten ausquellen lassen. • Die Eier in Eigelbe und Eiweiße trennen. Die abgekühlte Hirse mit den Eigelben verrühren, den Käse und die gewaschene, kleingeschnittene Petersilie zugeben. • Den Backofen auf 200° vorheizen. • Die Eiweiße zu steifem Schnee schlagen und vorsichtig unter den Teig heben. • Die Hirsemasse in eine gefettete Auflaufform füllen, die Butter in Flöckchen darüber geben und den Auflauf 40 Minuten auf der mittleren Schiene im Ofen backen.

Polenta

1 l klare Gemüsebrühe
200 g Maisgrieß · 50 g Butter
100 g geriebener Parmesankäse

• Zubereitungszeit: 25 Minuten

So wird's gemacht: Die Gemüsebrühe zum Kochen bringen, den Maisgrieß einstreuen, aufkochen und 15 Minuten ausquellen lassen. • Mit der Butter und dem Käse vermischen.

Das paßt dazu: Salat und Gemüse.

Variante
Den Grießbrei heiß in eine flache Form füllen und erkalten lassen, dann in Scheiben schneiden. Butter in einer Pfanne erhitzen, die Polentascheiben darin anbraten und mit Käse bestreut anrichten.

Käsespatzen

500 g Weizenvollkornmehl
2 Eßl. Sojamehl, fettarm · 4 Eier
1 gestrichener Teel. Salz
3 Eßl. Pflanzenöl · 400 ml Wasser

250 g geriebener Emmentaler Käse
40 g Butter · 2 große Zwiebeln

- Zubereitungszeit: 35 Minuten
- Quellzeit: 30 Minuten

So wird's gemacht: Das Mehl, das Sojamehl, die Eier, das Salz, 1 Eßlöffel Öl und das Wasser zu einem Teig verrühren. 30 Minuten quellen lassen. • Reichlich Wasser mit Salz und 2 Eßlöffeln Öl zum Kochen bringen. Den Teig mit einem Spätzlehobel portionsweise in das Kochwasser drücken. Aufkochen lassen. Wenn die Spatzen an der Oberfläche schwimmen, mit einem Schaumlöffel aus dem Wasser heben und auf einem Sieb abtropfen lassen. • Nun entweder schichtweise in eine vorgewärmte Schüssel geben, dazwischen den geriebenen Käse verteilen und die Schüssel im vorgeheizten Backofen warm stellen und zuletzt mit den in der Butter gebräunten Zwiebelringen bestreuen. Oder die Fettpfanne des Backofens mit flüssiger Butter ausstreichen, die abgetropften Spatzen gleichmäßig in der Pfanne verteilen, mit dem Käse bestreuen und im vorgeheizten Backofen bei 200° überbacken, bis der Käse Fäden zieht. Mit den in der Butter gebräunten Zwiebelringen anrichten.

Das paßt dazu: Blattsalat.

Vollkornnudeln werden in der zehnfachen Menge Wasser gekocht. Dem Kochwasser fügt man etwas Salz und 2 Eßlöffel Öl zu. Nach 12–14 Minuten Kochzeit – je nach Form der Nudeln – schüttet man sie in ein Sieb, läßt sie abtropfen und gibt sie in eine vorgewärmte Schüssel.

Vollkornspaghetti mit Käsesauce
Bild Seite 90

Zutaten für 2–3 Personen:
250 g Vollkornspaghetti · 2^1/$_2$ l Wasser
Salz · 2 Eßl. Pflanzenöl

100 g Gorgonzola Käse · 100 ml Sahne
1 Knoblauchzehe · weißer Pfeffer
frischer oder getrockneter Salbei

- Zubereitungszeit: 25 Minuten

So wird's gemacht: Das Wasser mit Salz und dem Öl zum Kochen bringen. Die Spaghetti 12 Minuten kochen, abgießen und abtropfen lassen. In einer vorgewärmten Schüssel warm stellen. • Zwischenzeitlich für die Sauce den Gorgonzola mit der Sahne cremig rühren. Vorsichtig unter Rühren erwärmen. Die geschälte Knoblauchzehe durch die Knoblauchpresse drücken und zugeben. Mit frisch gemahlenem Pfeffer und Salbei abschmecken. Die Sauce zu den Nudeln servieren.

Vollkornnudeln mit Gemüsesauce

Zutaten für 2–3 Personen:
250 g Vollkornnudeln (z. B. Hörnchen)
2^1/$_2$ l Wasser · Salz · 2 Eßl. Pflanzenöl
2 Zwiebeln · 1 Knoblauchzehe
1 Stange Lauch (Porree) · 2 Möhren
1 Stückchen Sellerie · 2 Fleischtomaten
40 g Pflanzenmargarine
Selleriesalz · weißer Pfeffer aus der Mühle
1 Eßl. Hefeflocken · 1 Bund Petersilie

- Zubereitungszeit: 40 Minuten

So wird's gemacht: Das Wasser mit Salz und dem Öl zum Kochen bringen. Die Nudeln 13–14 Minuten kochen, dann abtropfen lassen und warm stellen. • Für die Sauce die Zwiebeln und den Knoblauch schälen und kleinschneiden. Das Gemüse waschen, den Lauch in Ringe und die Möhren in Scheiben schneiden. Den geschälten Sellerie und die gehäuteten Tomaten kleinwürfeln. • Die Margarine in einem Topf erhitzen, die Zwiebeln und den Knoblauch darin glasig dünsten, das restliche Gemüse zufügen, würzen, in etwa 20 Minuten weichdünsten. • Das Gemüse

Knuspriges Brot aus der eigenen Backstube. Oben rechts ▷
Kaisersemmeln (Rezept Seite 97), unten Partysemmeln (Rezept
Seite 98) und links Vollkornbrot (Rezept Seite 93).

mit dem Schneebesen sämig schlagen. Die Hefeflocken und die gewaschene, kleingeschnittene Petersilie zugeben, abschmecken. ● Die Sauce zu den Nudeln servieren.

Böhmischer Knödel

200–250 ml Milch
3–4 Vollkornbrötchen
Salz · 3 Eier · $1/2$ Päckchen Backpulver
250 g Weizenvollkornmehl

● Zubereitungszeit: 1 Stunde 35 Minuten

So wird's gemacht: Die Milch erhitzen. Die Brötchen in kleine Würfel schneiden, mit der Milch übergießen und 15 Minuten quellen lassen. In einem Topf leicht gesalzenes Wasser zum Kochen bringen. ● Nun das Salz, die Eier und das mit Backpulver gemischte Mehl zugeben, gut vermengen und aus dem Teig einen Laib formen. ● In kochendes Salzwasser legen und 1 Stunde ziehen lassen. ● Der Knödel wird in etwa 1 cm dicke Scheiben geschnitten serviert.

Reisgerichte

Nährstoffschonendes Garen von Naturreis – Grundrezept
2 Teile schwach gesalzenes Wasser zum Kochen bringen, 1 Teil Reis einstreuen, aufkochen lassen, den Topf schließen und in den auf 200° vorgeheizten Backofen geben. Nach 40 Minuten den Backofen ausschalten, den Deckel abnehmen und den Reis noch 10–15 Minuten nachquellen lassen.
Sie können Naturreis auch in schwach gesalzenem Wasser im Verhältnis 1:2 aufkochen und bei schwacher Hitze auf der Herdplatte im geschlossenen Topf ausquellen lassen. Langkornreis benötigt 50–60 Minuten, Rundkornreis 40–50 Minuten.
Wenn Sie Zwiebeln und kleingeschnittenes Suppengrün in Butter andünsten, dann den Reis zugeben und Wasser aufgießen, erhalten Sie ein besonders schmackhaftes Reisgericht. – Oder würzen Sie die Kochbrühe mit Pfeffer, Paprikapulver oder Curry.

Risotto

300 g tiefgefrorene Erbsen
1 große Zwiebel · 2 Eßl. Pflanzenöl
3 Tassen Rundkorn-Naturreis
6 Tassen Gemüsebrühe
50 g Butter · 2 Eier · $1/8$ l Milch
100 g geriebener Parmesankäse
weißer Pfeffer aus der Mühle
$1/2$ Teel. getrockneter Thymian

● Zubereitungszeit: 1 Stunde 20 Minuten

So wird's gemacht: Die Erbsen auftauen lassen. ● Die Zwiebel schälen und kleinwürfeln. ● Die Zwiebelwürfel in dem Öl andünsten, den Reis zugeben, glasig dünsten und mit der Brühe aufgießen, aufkochen und im geschlossenen Topf bei milder Hitze 50 Minuten ausquellen lassen. ● Die Erbsen in 30 g Butter weichdünsten. ● Den Backofen auf 200° vorheizen. ● Die Eier mit der Milch, dem Käse, Pfeffer und dem Thymian vermengen. ● Den Reis, die Erbsen und die Eiermilch mischen und in eine gefettete Auflaufform geben, mit der restlichen Butter in Flöckchen belegen und 20 Minuten im Backofen backen.

Reisauflauf mit Pilzen
Bild Seite 115

4 Tassen Wasser · Salz
2 Tassen Langkorn-Naturreis
250 g frische Pilze · 20 g Butter
weißer Pfeffer aus der Mühle · 3 Eier
4 Eßl. Sahne · 100 g geriebener Gouda Käse
1 Bund Petersilie

◁ Köstlich und sättigend: Vollkornspaghetti mit Käsesauce.
Rezept Seite 87.

• Zubereitungszeit: 1 Stunde 40 Minuten

So wird's gemacht: Das leicht gesalzene Wasser zum Kochen bringen. Den Reis zugeben, aufkochen und 50 Minuten ausquellen lassen. • Die Pilze waschen, putzen und feinblättrig schneiden. • Die Butter erhitzen und die Pilze darin 5 Minuten dünsten, mit Salz und Pfeffer würzen. • Den Backofen auf 200° vorheizen. • Die Eier, die Sahne, den Käse und die gewaschene, feingeschnittene Petersilie verrühren und mit dem Reis und den Pilzen vermischen. • In einer gefetteten Auflaufform 30 Minuten backen.

Keimlinge

Keimlinge sind gekeimte Körner, eine wertvolle Frischkost und garantiert biologisch gezogen. Sie liefern Nährstoffe in konzentrierter Form, weil während des Keimens die im Korn ruhenden Stoffe aktiviert werden.
Zum Keimen eignen sich: alle Getreidesorten (verlangen Sie im Reformhaus ausdrücklich keimfähiges Getreide), grüne Sojabohnen, Senfkörner, Kresse und Rettichsamen.
Weizenkeime sind ein Aufbau- und Nervenstärkungsmittel und werden von allen Ernährungsfachleuten empfohlen.
Kressekeimlinge enthalten Carotin, Vitamin C, Mineralstoffe und pflanzliche Antibiotika.
Senfkeimlinge stärken die Abwehrkräfte, sie wirken blutreinigend, beeinflussen die Darmflora günstig und wirken sich heilend auf Hautkrankheiten und Ekzeme aus.
Sojabohnenkeimlinge müssen blanchiert oder gedünstet werden.
So können Sie Keimlinge ziehen:
1. Geben Sie 2–3 Eßlöffel Körner in ein Schüsselchen und bedecken Sie diese mit Wasser. Wenn Ihr Leitungswasser stark chlorhaltig ist, sollten Sie kohlensäurearmes Mineralwasser verwenden. Nach 30 Minuten schütten Sie die Körner in ein feinmaschiges Sieb und spülen mit frischem Wasser. Nun füllen Sie die Körner in ein Einmachglas, das mit einem feuchten Tuch zugedeckt wird. An den folgenden Tagen wiederholen Sie den Vorgang. Wenn die Keimlinge $1/2$–1 cm groß sind, können sie gegessen werden.
2. Legen Sie ein Tablett mit einigen Schichten Haushaltskrepp aus, befeuchten Sie das Papier, streuen darauf eine Schicht Körner und bedecken diese Schicht wieder mit Haushaltskrepp. Beide Papierschichten müssen feucht gehalten werden. Wenn die Keime treiben, wird die obere Papierschicht entfernt.
3. Mit dem Keimapparat können Sie Keimlinge in 3 Etagen ziehen. Sie erhalten das Gerät im Reformhaus und im Versandhandel.
Keimlinge brauchen Zimmertemperatur, wollen nicht zu hell stehen und vertragen keine direkte Sonnenbestrahlung. Nach 4–7 Tagen Keimdauer sind sie genießbar, mit Wurzeln, Stielen und Blättern. Verwechseln Sie die fasrigen Wurzeln der Senfkeimlinge nicht mit Schimmel.
Läßt man Kresse und Senf länger keimen, müssen die Keimlinge mit der Schere geschnitten werden. Sie werden unter fließendem Wasser abgespült.
Zubereitungsart: Man streut die Keimlinge über Rohkost, dünstet sie in Butter, mischt sie unter verquirlte Eier und brät sie wie Rühreier. Senfkeimlinge sind eine delikate Beilage zu Käse.

Salat aus frischen Sojabohnenkeimlingen

3 Tassen Sojabohnenkeimlinge
3 Eßl. Pflanzenöl · 1 Eßl. Zitronensaft
je 1 Prise Salz und Zucker · 1 Eßl. Sojasauce

• Zubereitungszeit: 5 Minuten

So wird's gemacht: Keimlinge unter fließendem Wasser abspülen und 3 Minuten blanchieren. Abtropfen lassen und mit dem Öl beträufeln. • Aus den übrigen Zutaten eine Sauce rühren und mit den Keimlingen vermengen.

Brot und Brötchen

Grundregeln für das Brotbacken:

• Zum Brotbacken wird frisch gemahlenes Weizen- oder Roggenvollkornmehl verwendet. Wenn Sie keine Mühle besitzen, besorgen Sie sich im Reform- oder Naturkosthaus Weizenmehl Type 1700 und Roggenmehl Type 1800.

• Alle Zutaten müssen zimmerwarm sein.

• Die im Rezept angegebenen Zutaten mit dem Kochlöffel und von Hand oder mit dem Knethaken einer Küchenmaschine zu einem Teig verkneten. Vollkornteige benötigen zum Quellen mehr Flüssigkeit als Teige aus Auszugsmehlen, sie müssen auch feuchter verarbeitet werden. Der Brotteig wird 5 Minuten mit der Küchenmaschine, dem Knethaken oder 10 Minuten von Hand geknetet.

• Der Teig muß »gehen«: zugedeckt an einem warmen, nicht zugigen Platz. Die Teigmenge sollte sich in etwa verdoppeln. Beim Hefeteig genügen, je nach Raumtemperatur, 40–60 Minuten. Teige mit Sauerteig oder Backferment als Treibmittel setzt man am Vorabend des Backtages an und läßt sie über Nacht gehen. Am nächsten Tag fügt man das restliche Mehl und die fehlende Flüssigkeit zu und läßt den Teig nochmals gehen.

• Nun wird der Teig auf einem bemehlten Brett mit bemehlten Händen geknetet. Dadurch wird die Luft aus dem Teig herausgedrückt und das Teigstück bekommt die nötige »Spannung«. Einen länglichen Laib formt man aus einer Rolle. Einen runden Laib erhält man, indem man eine Teigkugel abflacht und mit den Händen im Kreis dreht, bis sie die gewünschte Form hat.
Brötchen: Aus dem Teig 2 Rollen formen und diese in gleichgroße Stücke teilen, jedes soll 45–50 g wiegen. Das Teigstück auf ein bemehltes Brett legen, eine bemehlte Hand wie einen Käfig über den Teig legen und kreisen, bis die gewünschte Form erreicht ist.

• Den Laib, Wecken oder die Semmeln gibt man entweder auf ein gefettetes, bemehltes oder auf ein mit Backpapier belegtes Backblech. Anfänger tun sich leichter, wenn sie Backformen verwenden: eine Kastenform, ausgefettet und bemehlt, oder Deckel und Boden vom Römer-topf, die mit Alufolie ausgekleidet und mit Öl bestrichen werden. Geformt oder in der Form, sollte der Brotteig nochmals 10–20 Minuten gehen, je nach Raumtemperatur.

• Nun wird der Teig mit einem Pinsel mit Wasser oder Eimilch – je nach Rezept – bestrichen und in den vorgeheizten Backofen auf die mittlere Schiene geschoben. Hefebrote bäckt man 20 Minuten bei 230°, dann 40–60 Minuten bei 170°, das richtet sich nach der Größe des Brotes. Brötchen haben eine Backzeit von 35 Minuten bei 225°. Gibt man gleichzeitig 2 Backbleche mit Brötchen in den Ofen, sollte nach der halben Backzeit das obere gegen das untere Blech ausgetauscht werden. Bei Heißluftherden ist das Auswechseln der Bleche nicht nötig. Brote aus Sauerteig backen 60–90 Minuten bei 220°. Auf den Boden des Backofens stellt man immer einen Topf oder eine feuerfeste Schale mit kochendheißem Wasser.

• Das Brot ist fertig, wenn es einen Gewichtsverlust von etwa 12% hat. Das können Sie durch Wiegen feststellen. Sie können aber auch die Probe mit einem Holzstäbchen machen.

• Brot und Brötchen auf einem Drahtgitter auskühlen lassen.

• Bewahren Sie Ihr knusprig gebackenes Brot nie in Plastiktüten auf, es sei denn zum Einfrieren. Am besten hält sich Brot, das in einem Brotbeutel kühl und trocken gelagert wird. Den Brotbeutel nähen Sie sich aus einem Geschirrtuch aus Leinen.

• Wenn Ihr Wasser stark chlorhaltig ist, sollten Sie zum Brotbacken kohlensäurehaltiges Mineralwasser nehmen. Statt Wasser können Sie Buttermilch oder Molke verwenden oder Sauerkrautsaft und Wasser im Verhältnis 1:1.

Fehler	Abhilfe
Das Brot ist bröselig	Brotteig benötigt mehr Flüssigkeit
Das Brot fällt beim Backen in der Mitte ein	Teig war zu weich; entweder mehr Mehl oder weniger Flüssigkeit verwenden
Brot bekommt beim Backen Risse	Teig länger gehen lassen

Brot und Brötchen

Brotgewürze und -zutaten

Anis: süßliches Aroma, wird für Fladenbrote und Vinschgauer verwendet.

Fenchel: würzig-süßer Geschmack, vorherrschend.

Koriander: süßliches Aroma, feinwürzig.

Kümmel: im Geschmack vorherrschend.

Leinsamen: enthält darmfreundliche Quell- und Schleimstoffe und wird ungemahlen verbacken.

Mohn: zum Bestreuen von Brötchen und Gebäck.

Sesam: geröstet (in der trockenen Pfanne) schmecken die Samen nußartig.

Sonnenblumenkerne: enthalten 25% Eiweiß, Vitamine und Mineralstoffe. Sie reichern das Brot mit Eiweiß an. Gut schmecken sie, wenn sie in einer trockenen Pfanne geröstet werden.

Treibmittel

Hefe verwendet man für Brotteige aus Weizenmehl oder für Teige, die überwiegend aus Weizenmehl bestehen. Für 1 kg Mehl benötigt man etwa 60 g Hefe, das sind 1^1/$_2$ Würfel, oder 2^1/$_2$ Päckchen Trockenhefe zu je 7 g. Brote aus Hefeteig gehen schnell auf, haben eine relativ kurze Backzeit und sind feinporig. Sie bleiben nicht so lange frisch wie Brote aus Sauerteig. Hefe läßt sich ohne Qualitätsverlust einfrieren.

Sauerteig wird für Mischbrote und Brote aus Roggenmehl verwendet. Vielfach werden beim Brotbacken Sauerteig und Hefe gleichzeitig verarbeitet. Sauerteige haben eine längere Gärzeit und eine längere Backzeit. Diese Brote sättigen anhaltend und bleiben länger frisch. Sauerteig können Sie selbst herstellen (siehe Seite 95). Im Reformhaus bekommen Sie Natursauerteig der Firma Hensel oder Trockensauerteig der Firma Vitam. Sie können Sauerteig auch bei Ihrem Bäcker besorgen. Von dem mit Sauerteig zubereiteten Brotteig heben Sie eine Tasse voll auf für den nächsten Backtag. Sie benötigen 3 Eßlöffel für 1 kg Mehl. Der Sauerteig hält sich in einem Glas mit Schraubverschluß im Kühlschrank einige Wochen.

Backferment-Granulat wird von der Firma Backtechnik GmbH, 6364 Florstadt, hergestellt. Sie können es im Reformhaus kaufen. Es besteht aus biologischen Körnerfrüchten und Honig. Brot und Gebäck, das mit Backferment hergestellt wird, ist besonders gut verträglich.

Aus Backferment-Granulat bereitet man zunächst einen Sauerteig. Zum eigentlichen Brotbacken benötigt man diesen »Grundansatz« und das Backferment-Granulat. Man kann mit diesem Treibmittel Brote aus jeder beliebigen Getreidemischung herstellen, auch aus Sojamehl. Eine genaue Beschreibung erhalten Sie zu jeder Dose Granulat.

Hefen und Sauerteige sind biologische Treibmittel. Sie spalten die vorhandenen Zucker in Alkohol und Kohlensäure: Alkohol verflüchtigt sich, die Kohlensäurebläschen dehnen den Teig und entweichen. Die Hefezellen sterben in der Hitze ab.

Chemische Backmittel enthalten Kohlensäuresalze, welche die Teiglockerung bewirken: Backpulver verwendet man für Fett-Ei-Zucker-Teig, Hirschhornsalz für flache Gebäcke und Pottasche für Lebkuchen.

Wenn Sie für die folgenden Rezepte das Korn selbst mahlen, so beachten Sie bitte: Die angegebenen Flüssigkeitsmengen sind nur Richtwerte, denn der Vermahlungsgrad des Korns — fein, mittel, grob — und die Flüssigkeitsmenge sind voneinander abhängig.

Vollkornbrot
Bild Seite 89

1 kg Weizenvollkornmehl, feingemahlen
1^1/$_2$ Würfel Hefe · 680 ml Wasser oder Molke
1 gehäufter Eßl. Salz
1 Teel. gemahlener Kümmel
1 Teel. gemahlener Koriander

- Zubereitungszeit: 25 Minuten
- Ruhezeit: 1 Stunde 15 Minuten
- Backzeit: 1 Stunde 10 Minuten

So wird's gemacht: Das Mehl in eine Rührschüssel geben. Die Hefe in etwas lauwarmem Wasser lösen. Das Mehl, die Hefe, das Salz und die Flüssigkeit vermengen und den Teig kräftig kneten. Zugedeckt ruhen lassen, bis sich das Teigvolumen verdoppelt hat. • Den Teig nun mit den Händen kneten. • Den Backofen auf 240° vorheizen. • Eine große oder 2 kleine Kastenformen ausfetten und bemehlen. Den Teig in die Form geben, nochmals gehen lassen. • Die Oberfläche des Brotes mit Wasser bestreichen, das Brot auf der mittleren Schiene des Backofens backen. Einen Topf mit kochendheißem Wasser auf den Boden des Backofens stellen. Nach 20 Minuten auf 170° zurückschalten, dann noch etwa 50 Minuten backen. Das Brot auf einem Gitter abkühlen lassen.

Buttermilchbrot

1 kg Weizenvollkornmehl, feingemahlen
1 1/2 Würfel Hefe · 700 ml Buttermilch
2 gestrichene Teel. Salz

- Zubereitungszeit: 30 Minuten
- Ruhezeit: 1 Stunde 15 Minuten
- Backzeit: 1 Stunde 20 Minuten

So wird's gemacht: Das Mehl in eine Rührschüssel geben, dazu die in etwas warmer Buttermilch gelöste Hefe, die restliche Buttermilch und das Salz. Mit dem Knethaken der Küchenmaschine oder einem Kochlöffel gut durcharbeiten. Zugedeckt ruhen lassen, bis sich das Teigvolumen verdoppelt hat. • Dann mit den Händen kneten. • Den Backofen auf 230° vorheizen. • 1 oder 2 Laibe formen, auf ein gefettetes, bemehltes oder mit Backpapier belegtes Backblech legen, nochmals 15 Minuten gehen lassen. • Das Brot mit Wasser bestreichen und auf der mittleren Schiene des Backofens 20 Minuten bei 230° und 1 Stunde bei 170° backen. Einen Topf mit kochendheißem Wasser auf den Boden des Backofens stellen.

Gewürztes Bauernbrot

500 g Weizenvollkornmehl, feingemahlen
500 g Roggenvollkornmehl, feingemahlen
2 Beutel Vitam Trockenhefe
2 Beutel Vitam Trockensauerteig
2 gestrichene Teel. Salz
1 gestrichener Teel. gemahlener Kümmel
680 ml Wasser · 1 Eßl. Korianderkörner
1 Teel. Fenchelsamen
1 Teel. Anissamen
Zum Bestreuen:
je 1 gehäufter Teel. Kümmel und Koriander

- Zubereitungszeit: 30 Minuten
- Ruhezeit: 2 Stunden 40 Minuten
- Backzeit: 1 Stunde 20 Minuten

So wird's gemacht: Aus dem Mehl, der Trockenhefe und dem -sauerteig, dem Salz, dem Kümmel und dem Wasser einen Teig kneten. Am Ende der Knetzeit die ungemahlenen Gewürze zugeben. • Den Teig 2 Stunden zugedeckt gehen lassen. • Den Backofen auf 220° vorheizen. • Dann den Teig mit den Händen gründlich kneten, einen runden Laib formen und diesen auf ein gefettetes, bemehltes Backblech legen und nochmals gehen lassen. • Den Brotlaib mit Wasser bestreichen und mit der Gewürzmischung bestreuen. Einen Topf mit kochendheißem Wasser auf den Boden des Backofens stellen, das Brot auf die mittlere Schiene in den Ofen schieben und etwa 1 Stunde und 20 Minuten backen.

Leinsamenbrot

Für den Vorteig:
300 g Weizenvollkornmehl, feingemahlen
1 gehäufter Eßl. Sekowa-Grundansatz
1 gestrichener Teel. Backferment-Granulat
350 ml Wasser · 150 g Leinsamen
Für den Hauptteig:
300 g Weizenvollkornmehl, feingemahlen

400 g Roggenvollkornmehl, feingemahlen
2¹/₂ Teel. Salz
350 ml Wasser

- Quellzeit für den Vorteig: über Nacht
- Zubereitungszeit: 40 Minuten
- Ruhezeit: 1 Stunde
- Backzeit: 1 Stunde 20 Minuten

So wird's gemacht: Vorteig aus dem Mehl, dem Grundansatz, dem Granulat und dem Wasser zubereiten und diesen über Nacht zugedeckt ruhen lassen. Den Leinsamen in 150 ml Wasser auch über Nacht quellen lassen. • Das Mehl, das Salz, den Leinsamen und das Wasser zum Vorteig geben. Den Teig kräftig kneten und 1 Stunde gehen lassen. • Den Backofen auf 220° vorheizen. • Den Teig nochmals mit den Händen gut kneten, formen und mit Wasser bestreichen. • Einen Topf mit kochendheißem Wasser auf den Boden des Backofens stellen. Das Brot auf die mittlere Schiene in den Ofen schieben und 70–80 Minuten backen.

Sauerteig

125 g Roggenvollkornmehl
1 Eßl. Honig · lauwarme Buttermilch

- Zubereitungszeit: 10 Minuten
- Gärzeit: 3 Tage

So wird's gemacht: Aus dem Mehl, dem Honig und der Buttermilch einen dickflüssigen Teig arbeiten, in eine angewärmte Schüssel legen, mit einem Tuch bedecken und an einen warmen Platz stellen. • Den Ansatz am nächsten und am dritten Tag durchkneten, eventuell etwas lauwarme Buttermilch zufügen. Nach drei Tagen sollte der Teig gesäuert sein; man merkt es an der starken Bläschenbildung. Der Sauerteig hält sich einige Wochen, wenn er in einem Glas mit Schraubverschluß im Kühlschrank aufbewahrt wird.

Roggenbrot

Für den Vorteig:
500 g Roggenvollkornmehl, feingemahlen
350 ml Wasser · 3 Eßl. Sauerteig
Für den Hauptteig:
500 g Roggenvollkornmehl, feingemahlen
¹/₂ Würfel Hefe · 1 Teel. Salz
1 Eßl. gemahlener Kümmel
etwa 200 ml Sauerkrautsaft · 150 ml Wasser

- Quellzeit für den Vorteig: über Nacht
- Zubereitungszeit: 40 Minuten
- Ruhezeit: 1 Stunde
- Backzeit: 1 Stunde 20 Minuten

So wird's gemacht: Vorteig aus dem Mehl, dem Wasser und dem Sauerteig zubereiten, kneten und über Nacht zugedeckt ruhen lassen. • Am anderen Tag das Mehl, die in lauwarmem Wasser gelöste Hefe, das Salz, den Kümmel und den Sauerkrautsaft zufügen. Den Teig kräftig kneten und 1 Stunde gehen lassen. • Den Backofen auf 220° vorheizen. • Nun den Teig mit den Händen kneten, formen, mit Wasser bestreichen und mit einer grobzinkigen Gabel Löcher in den Laib stechen. • Einen Topf mit kochendheißem Wasser auf den Boden des Backofens stellen und das Brot auf der mittleren Schiene 70–80 Minuten backen.

Roggenbrot mit ganzen Körnern

Für den Vorteig:
400 g Roggen-Vollkornmehl · 400 ml Wasser
1 gehäufter Teel. Sekowa Backferment-Granulat
1 gehäufter Teel. Sekowa Grundansatz
150 g Roggenkörner
Für den Hauptteig:
1 Würfel Hefe · 300 g Roggenvollkornmehl
300 g Weizenvollkornmehl, beide feingemahlen
1 gehäufter Eßl. Salz
1 Eßl. Zuckerrübensirup · 400 ml Wasser

- Quellzeit für den Vorteig: über Nacht
- Zubereitungszeit: 40 Minuten
- Ruhezeit: 1 Stunden
- Backzeit: 1 Stunde 20 Minuten

So wird's gemacht: Den Vorteig aus dem Mehl, dem Granulat und dem Grundansatz zubereiten. Rühren, über Nacht zugedeckt stehen lassen. Die Roggenkörner gleichzeitig in lauwarmem Wasser einweichen und über Nacht stehen lassen. • Am nächsten Tag die Hefe in etwas lauwarmem Wasser lösen. • Den Vorteig mit den übrigen Teigzutaten verkneten. Den Teig gut durcharbeiten, dann die gequollenen Roggenkörner zugeben und den Teig wieder 1 Stunde an einem warmen Platz zugedeckt gehen lassen. • Den Backofen auf 220° vorheizen. • Den Teig mit den Händen kneten. • Eine große Kastenform ausfetten, bemehlen, den Brotteig einfüllen. Die Teigoberfläche mit Wasser bestreichen. • Einen Topf mit kochendheißem Wasser auf den Boden des Backofens stellen. Das Brot auf die mittlere Schiene in den Ofen schieben und 70–80 Minuten backen. Eventuell nach 30 Minuten Backzeit die Oberfläche mit Alufolie abdecken, damit die Rinde nicht zu dunkel wird.

Sonnenblumen-Mischbrot

Für den Vorteig:
400 g Roggenvollkornmehl, feingemahlen
3 Eßl. Sauerteig · 300 ml Wasser
Für den Hauptteig:
175 g Sonnenblumenkerne
550 g Weizenvollkornmehl, feingemahlen
1 Würfel Hefe · 2 Teel. Salz
etwa 400 ml Wasser

- Quellzeit für den Vorteig: über Nacht
- Zubereitungszeit: 40 Minuten
- Ruhezeit: 1 Stunde 20 Minuten
- Backzeit: 1 Stunde 20 Minuten

So wird's gemacht: Den Vorteig zubereiten, kneten und über Nacht zugedeckt an einem warmen Platz gehen lassen. • Die Sonnenblumenkerne in einer trockenen Pfanne bei milder Hitze rösten. • Das Mehl, die in etwas lauwarmem Wasser gelöste Hefe, das Salz und das Wasser zum Vorteig geben und kräftig kneten. 150 g Sonnenblumenkerne hinzufügen und den Teig 1 Stunde an einem warmen Platz zugedeckt gehen lassen. • Den Backofen auf 220° vorheizen. • Den Teig mit den Händen gründlich durchkneten, dann in eine große, gefettete und bemehlte Kastenform füllen, die Oberfläche mit Wasser bestreichen, mit den restlichen Kernen bestreuen und nochmals 20 Minuten gehen lassen. • Einen Topf mit kochendheißem Wasser auf den Boden des Backofens stellen. Das Brot auf die mittlere Schiene in den Ofen schieben und 70–80 Minuten backen.

Toastbrot

500 g Weizenvollkornmehl, feingemahlen
1 Würfel Hefe · 275 ml Milch
1 gestrichener Teel. Salz
1 Teel. Honig · 50 g Butter · 1 Ei

- Zubereitungszeit: 30 Minuten
- Ruhezeit: 1 Stunde 20 Minuten
- Backzeit: 50 Minuten

So wird's gemacht: Aus den Zutaten – die Hefe wird in lauwarmer Milch gelöst – einen Teig kneten und gehen lassen, bis sich das Teigvolumen verdoppelt hat. • In eine gefettete und bemehlte Kastenform geben und nochmals 15 Minuten gehen lassen. Den Backofen auf 200° vorheizen. • Das Toastbrot 50 Minuten auf der mittleren Schiene backen. • Auf einem Gitter auskühlen lassen. Am nächsten Tag in 1 cm dicke Scheiben schneiden.

Brot und Brötchen

Eierweckerl

Zutaten für etwa 20 Eierweckerl:
500 g Weizenvollkornmehl, feingemahlen
etwa 300 ml Milch
1 Würfel Hefe · 1/2 Teel. Salz
1 Teel. Zuckerrübensirup · 1 Eßl. Pflanzenöl
Zum Bestreichen:
1 Eigelb · 1 Eßl. Milch

- Zubereitungszeit: 45 Minuten
- Ruhezeit: 1 Stunde 15 Minuten
- Backzeit: 35 Minuten

So wird's gemacht: Aus dem Mehl, der in etwas lauwarmer Milch gelösten Hefe, dem Salz, dem Sirup, dem Öl und der restlichen Milch einen Teig zubereiten, gründlich kneten und zugedeckt an einem warmen Platz gehen lassen, bis sich das Volumen verdoppelt hat. ● Weckerl (Brötchen) formen, in der Mitte einschneiden. Auf ein gefettetes, bemehltes oder mit Backpapier belegtes Backblech legen und nochmals gehen lassen. ● Den Backofen auf 220° vorheizen. ● Das Eigelb mit der Milch verquirlen, die Weckerl damit bestreichen. Auf die mittlere Schiene des Ofens schieben (Topf mit Wasser auf den Boden stellen) und 35 Minuten backen.

Kaisersemmeln
Bild Seite 89

Zutaten für etwa 20 Semmeln:
500 g Weizenvollkornmehl, feingemahlen
1 Würfel Hefe · 1 gestrichener Teel. Salz
2 Eßl. Pflanzenöl · 300 ml Wasser
eventuell 3 Eßl. Mohn oder 3 Eßl. Sesam

- Zubereitungszeit: 45 Minuten
- Ruhezeit: 1 Stunde 15 Minuten
- Backzeit: 35 Minuten

So wird's gemacht: Aus dem Mehl, der in etwas lauwarmem Wasser gelösten Hefe, dem Salz, dem Öl und dem restlichen Wasser einen Teig zubereiten, kräftig kneten und zugedeckt an einem warmen Platz gehen lassen, bis sich das Volumen verdoppelt hat. ● Aus dem Teig Semmeln formen und mit einem Kaisersemmel-Stupfer (von der Firma Schnitzer, St. Georgen) oder von Hand sternförmig einschneiden. Die Semmeln mit Wasser bestreichen und eventuell mit der bestrichenen Seite in Mohn oder Sesam tauchen. ● Den Backofen auf 225° vorheizen. ● Die Kaisersemmeln auf ein mit Backpapier belegtes Blech legen und nochmals gehen lassen. Auf der mittleren Schiene des Ofens (Topf mit Wasser auf den Boden stellen) 35 Minuten backen.

Sonntagsbrötchen

Zutaten für etwa 25 Brötchen:
100 g ungeschwefelte Rosinen
500 g Weizenvollkornmehl, feingemahlen
1 Würfel Hefe · 1/2 Tasse Milch
250 g Magerquark · 150 g Butter
2 Eier · 2 Eßl. Honig
Zum Bestreichen:
1 Eigelb · 1 Eßl. Milch

- Zubereitungszeit: 45 Minuten
- Ruhezeit: 1 Stunde 15 Minuten
- Backzeit: 35 Minuten

So wird's gemacht: Die Rosinen in heißem Wasser quellen lassen. Aus dem Mehl, der in der Milch gelösten Hefe, dem Quark, der weichen Butter, den Eiern und dem Honig einen Teig kneten. Die Rosinen zugeben. Den Teig zugedeckt an einem warmen Platz etwa 45 Minuten gehen lassen. ● Mit bemehlten Händen Brötchen formen (siehe Seite 92) und auf ein mit Backpapier belegtes Backblech legen. Nochmals kurz gehen lassen. ● Den Backofen auf 190° vorheizen. ● Das Eigelb mit der Milch verquirlen und die Brötchen damit bestreichen. ● Die Brötchen auf der mittleren Schiene des Ofens 35 Minuten backen.

Brot und Brötchen

Quarkbrötchen

Zutaten für etwa 20 Brötchen:
2 gehäufte Eßl. ungeschwefelte Rosinen
500 g Magerquark · 2 Eier
1 Prise Salz · 1 Eßl. Honig
250 g Weizenvollkornmehl, feingemahlen
1 Päckchen Backpulver
Zum Bestreichen:
1 Eigelb · 1 Eßl. Milch

- Zubereitungszeit: 30 Minuten
- Ruhezeit: 20 Minuten
- Backzeit: 35 Minuten

So wird's gemacht: Die Rosinen in heißem Wasser quellen lassen. • Aus dem Quark, den Eiern, dem Salz, dem Honig, dem Mehl, dem Backpulver und den gequollenen, abgetropften Rosinen einen Teig kneten, 20 Minuten ruhen lassen. • Den Backofen auf 200° vorheizen. • Mit bemehlten Händen Brötchen formen und auf ein mit Backpapier belegtes Blech legen. • Das Eigelb mit der Milch verquirlen, die Brötchen damit bestreichen. Das Backblech auf die mittlere Schiene schieben und die Brötchen 35 Minuten backen.

Partysemmeln
Bild Seite 89

Zutaten für 24 Semmeln:
500 g Weizenvollkornmehl, feingemahlen
1 Würfel Hefe · 1/8 l Milch
200 ml Wasser · 1 Teel. Salz
Zum Bestreuen:
Mohn, Kümmel, Sesam

- Zubereitungszeit: 45 Minuten
- Ruhezeit: 1 Stunde 15 Minuten
- Backzeit: 30 Minuten

So wird's gemacht: Aus dem Mehl, der in lauwarmer Milch gelösten Hefe, dem Wasser und dem Salz einen Teig kneten. Gehen lassen, bis sich das Volumen verdoppelt hat. • Eine runde, feuerfeste Form oder einen Bräter mit Öl bestreichen und mit Mehl ausstreuen. Die Form umdrehen, um überschüssiges Mehl zu entfernen. • Aus dem Teig 2 Rollen formen und aus jeder Rolle 12 gleich große Teile schneiden. Semmeln daraus formen, mit Wasser bestreichen und in Mohn, Kümmel oder Sesam tauchen. • Den Backofen auf 220° vorheizen. • Die Semmeln dicht nebeneinander in die Form setzen – es darf keine Lücke bleiben – und nochmals gehen lassen. • Auf der mittleren Schiene des Backofens etwa 30 Minuten backen. • Den Semmelkranz auf ein Gitter stürzen und auskühlen lassen.

Laugenbrezen

500 g Weizenvollkornmehl, feingemahlen
1 Würfel Hefe · 340 ml Wasser
1/2 Teel. Salz
Für die Lauge:
1 knapper Teel. Haushaltsnatron (4 g)
grobkörniges Salz

- Zubereitungszeit: 60 Minuten
- Ruhezeit: 1 Stunde 15 Minuten
- Backzeit: 30 Minuten

So wird's gemacht: Aus dem Mehl, der in etwas Wasser gelösten Hefe, dem restlichen Wasser und dem Salz einen Brotteig kneten und zugedeckt gehen lassen, bis sich das Volumen verdoppelt hat. • Aus dem Teig dünne Rollen formen und Brezen bilden. • 1 Liter Wasser mit dem Natron in einem flachen Topf aufkochen, jedes Teigstück 10 Sekunden in die Lauge legen, umdrehen, nochmals 10 Sekunden eintauchen, mit einem Schaumlöffel herausheben und abtropfen lassen. • Den Backofen auf 220° vorheizen. • Die Teigstücke auf ein mit Backpapier belegtes Backblech legen, mit Salz bestreuen und 25–30 Minuten im Ofen backen.

Süße Kuchen und feines Gebäck

Wenn Sie mit Honig statt mit Zucker backen, bedenken Sie bitte, daß das fertige Backergebnis weniger süß ist als der Teig.

Die Honig- oder Sirupmenge in den nachstehenden Rezepten ist gering bemessen. Vielleicht wollen Sie anfänglich etwas mehr Honig, Sirup oder Dicksaft verwenden als im Rezept angegeben ist und langsam reduzieren.

Am besten verwenden Sie flüssigen Honig; festen Honig müssen Sie vorsichtig erwärmen, eventuell zusammen mit dem Backfett.

Das Korn für die Herstellung der Kuchen sollte so fein wie möglich gemahlen werden.

Hefegebäck aus Vollkornmehl – Grundrezept

275 ml Milch · 1 Würfel Hefe
3 Eßl. Weizenvollkornmehl

3 Eier · 50 g Butter
1 Prise Salz · 2–4 Eßl. Honig
unbehandelte, abgeriebene Schale von
$1/2$ Zitrone
500 g Weizenvollkornmehl

- Zubereitungszeit: 30 Minuten
- Ruhezeit: 2 Stunden
- Backzeit: je nach Größe der Teigstücke verschieden

So wird's gemacht: Alle Zutaten müssen zimmerwarm sein. Für den Vorteig die Hefe in der lauwarmen Milch lösen, das Mehl zugeben, mit dem Schneebesen schlagen und 30 Minuten zugedeckt an einem warmen Platz gehen lassen. • Die Eier in Eigelbe und Eiweiße trennen. • Die Eigelbe, die flüssige Butter, das Salz, den Honig und die Zitronenschale zum Vorteig geben und mit dem Elektroquirl oder Schneebesen rühren. Die Eiweiße zu steifem Schnee schlagen. Das Mehl und den Eischnee unter den Teig mischen. Kräftig mit dem Knethaken der Küchenmaschine kneten oder mit einem Kochlöffel so lange schlagen, bis die Oberfläche glänzend ist und sich der

Teig von der Schüssel löst. Zuletzt, je nach Rezeptangabe, Trockenfrüchte untermischen. • Den Teig 60–90 Minuten zugedeckt an einem warmen, zugfreien Platz gehen lassen. Das Teigvolumen sollte sich etwa verdoppelt haben. • Den Teig nach den Angaben im Rezept weiterverarbeiten, in eine Form geben oder auf ein mit Backpapier belegtes Backblech legen und nochmals 10–15 Minuten gehen lassen. • Bei 175–200° im vorgeheizten Backofen backen und das Gebäck auf einem Kuchengitter auskühlen lassen.

Böhmische Nußbotize

140 ml Milch · $1/2$ Würfel Hefe
2 gestrichene Eßl. Weizenvollkornmehl

2 kleine Eier · 25 g Butter
1 Prise Salz · 2 Eßl. Honig
unbehandelte, abgeriebene Schale von
$1/2$ Zitrone
250 g Weizenvollkornmehl
Für die Füllung:
12 getrocknete, ungeschwefelte Aprikosenhälften
2 Äpfel · 200 g Haselnüsse
2–4 Eßl. Honig
unbehandelte, abgeriebene Schale von
$1/2$ Zitrone
$1/4$ Teel. Vanillepulver · $1/2$ Teel. Zimt
Zum Bestreichen und Bestreuen:
1 Eigelb · 1 Eßl. Milch
30 g abgezogene, gehobelte Mandeln

- Einweichzeit: über Nacht
- Zubereitungszeit: 50 Minuten
- Ruhezeit: 2 Stunden
- Backzeit: 40 Minuten

So wird's gemacht: Die Aprikosenhälften für die Füllung über Nacht in heißem Wasser einweichen. • Den Hefeteig, wie auf Seite 99 beschrieben, zubereiten und gehen lassen. • Für die Füllung die eingeweichten Aprikosen pürieren, die Äpfel schälen und mit der Rohkostreibe feinreiben. Aus dem Aprikosenpüree, den Äpfeln, den gemahlenen Nüssen, dem Honig, der Zitronenschale und den Gewürzen eine dickflüssige Masse zubereiten, nach Wunsch Rum zugeben. • Aus dem Teig eine rechteckige Platte ausrollen, mit der Füllung bestreichen und aufrollen. Auf ein mit Backpapier belegtes Backblech legen und nochmals 10 Minuten gehen lassen. • Den Backofen auf 200° vorheizen. • Das Eigelb mit der Milch verquirlen. Die Nußrolle mit der Eimilch bestreichen und mit den Mandeln bestreuen. 40 Minuten im Backofen auf der mittleren Schiene backen.

Mohnkuchen

145 ml Milch · ½ Würfel Hefe
2 gestrichene Eßl. Weizenvollkornmehl

2 kleine Eier · 25 g Butter · 1 Prise Salz
2 Eßl. Honig
unbehandelte, abgeriebene Schale von
½ Zitrone
250 g Weizenvollkornmehl
Für die Füllung:
75 g ungeschwefelte Rosinen
½ l Milch · 1 Prise Salz
175 g Vollweizengrieß
175 g frisch gemahlener Mohn
3–4 Eßl. Honig
2 Eier
Zum Bestreichen:
1 Eigelb · 1 Eßl. Milch

• Zubereitungszeit: 45 Minuten
• Ruhezeit: 2 Stunden
• Backzeit: 40 Minuten

So wird's gemacht: Den Hefeteig, wie auf Seite 99 beschrieben, zubereiten und gehen lassen. • Aus dem Teig eine rechteckige Platte ausrollen. • Für die Füllung die Rosinen in heißem Wasser quellen lassen. Die Milch mit dem Salz aufkochen, den Grieß einstreuen, aufkochen und

ausquellen lassen. Dann den Mohn, den Honig und die abgetropften Rosinen unterrühren. Die Masse abkühlen lassen und die Eier zufügen. • Den Backofen auf 200° vorheizen. • Die Teigplatte mit der Füllung bestreichen und aufrollen. Das Eigelb mit der Milch verquirlen und die Teigrolle damit bestreichen. Nochmals 10 Minuten gehen lassen. Dann 40 Minuten auf der mittleren Schiene im Backofen backen.

Bayerische Rohrnudeln

In Niederbayern ißt man ungesüßte Rohrnudeln zu Kartoffelsuppe.

Zutaten für etwa 16 Stück:
275 ml Milch · 1 Würfel Hefe
3 Eßl. Weizenvollkornmehl

3 Eier · 50 g Butter
1 Prise Salz · 2–4 Eßl. Honig
unbehandelte, abgeriebene Schale von
½ Zitrone
500 g Weizenvollkornmehl
Für die Form:
50 g Butter

• Zubereitungszeit: 35 Minuten
• Ruhezeit: 2 Stunden
• Backzeit: 30–40 Minuten

So wird's gemacht: Den Hefeteig, wie auf Seite 99 beschrieben, zubereiten und gehen lassen. • Eine feuerfeste Form oder einen Bräter mit der

Mein Tip: Sie können die Rohrnudeln auch in der Bratfolie zubereiten: Die Nudeln mit Butter bestreichen, nebeneinander in Zweierreihe in die Folie setzen, diese dicht verschließen, 2 × mit einer Nadel einstechen und 30 Minuten auf der mittleren Schiene bei 220° backen.

Süße Kuchen und feines Gebäck

Butter auspinseln. • Aus dem Hefeteig Klöße formen, mit der flüssigen Butter bepinseln, dicht nebeneinander ohne Zwischenraum in die Form setzen und nochmals 10 Minuten gehen lassen. • Den Backofen auf 200° vorheizen. • Die Rohrnudeln im Ofen auf der mittleren Schiene 30–40 Minuten backen.

Das paßt dazu: Weinschaumcreme oder Vanillecreme oder Kompott (Rezepte Seite 126 und 123).

Variante – gefüllte Rohrnudeln
Zum Füllen eignen sich Zwetschgen und Aprikosen. Die Früchte waschen, entsteinen und anstelle des Steines mit $1/2$ Teelöffel festen Honig füllen. Jede Rohrnudel wird mit 1 Frucht gefüllt. Die Rohrnudeln wie beschrieben weiterverarbeiten.

Dampfnudeln

Zutaten für etwa 16 Stück:
275 ml Milch · 1 Würfel Hefe
3 Eßl. Weizenvollkornmehl

3 Eier · 50 g Butter
1 Prise Salz · 2–4 Eßl. Honig
unbehandelte, abgeriebene Schale von
$1/2$ Zitrone
500 g Weizenvollkornmehl
Für die Form:
2 Eßl. Butter · 1 Eßl. Honig
etwa $1/2$ l Milch

• Zubereitungszeit: 35 Minuten
• Ruhezeit: 2 Stunden 40 Minuten
• Backzeit: 20–25 Minuten

So wird's gemacht: Den Hefeteig, wie auf Seite 99 beschrieben, zubereiten und gehen lassen. • Die Dampfnudeln lassen sich am besten in einer runden, feuerfesten Glasform zubereiten. Die Form mit Butter ausstreichen. Die restliche Butter, den Honig und soviel Milch erwärmen, daß die Form etwa 2 cm hoch gefüllt wird. • Aus dem

Hefeteig Klöße formen und dicht nebeneinander, ohne Zwischenraum, in die Form setzen. • Die Form auf die Herdplatte stellen, den Deckel schließen, mit einem Bügeleisen (unter das ein zusammengefaltetes Küchentuch gelegt wird) beschweren. Bei mittlerer Hitze etwa 25 Minuten backen. Die Dampfnudeln sollen unten knusprig hellbraun sein und die Flüssigkeit aufgesogen haben.

Das paßt dazu: Vanillecreme oder Kompott (Rezept Seite 125 und 126).

Frühstückszopf

275 ml Milch · 1 Würfel Hefe
3 Eßl. Weizenvollkornmehl

1 Eßl. Rum · 2 Eßl. ungeschwefelte Sultaninen
3 Eier · 50 g Butter · 1 Prise Salz
unbehandelte, abgeriebene Schale von
1 Zitrone
2 Eßl. Honig · 500 g Weizenvollkornmehl
2 Eßl. gewürfeltes Zitronat
Zum Bestreichen und Bestreuen:
1 Eigelb · 1 Eßl. Milch
50 g Haselnüsse

• Zubereitungszeit: 30 Minuten
• Ruhezeit: 2 Stunden
• Backzeit: 40 Minuten

So wird's gemacht: Aus der lauwarmen Milch, der zerbröckelten Hefe und dem Mehl, wie auf Seite 99 beschrieben, einen Vorteig bereiten und gehen lassen. • Den Rum erwärmen und die Sultaninen darin quellen lassen. Die Eier in Eigelbe und Eiweiße trennen. Die Eiweiße zu steifem Schnee schlagen. Die Eigelbe, die Butter, das Salz, die Zitronenschale und den Honig mit dem Elektroquirl oder Schneebesen unter den Vorteig rühren. Das Mehl und den Eischnee untermischen. Den Teig kräftig kneten. Die abgetropften Rosinen und das Zitronat unter den Teig rühren. Etwa 90 Minuten zugedeckt gehen lassen. • Aus dem Teig einen Zopf flechten. • Den Backofen auf 200° vorheizen. • Das Eigelb mit der Milch verquirlen und den Zopf mit der Eimilch bestreichen. Mit den gehackten Nüssen bestreuen. • Den Zopf auf ein gefettetes oder mit Backpapier belegtes Backblech geben, nochmals gehen lassen und 40 Minuten auf der mittleren Schiene des Backofens backen.

Nußhörnchen

275 ml Milch · 1 Würfel Hefe
3 Eßl. Weizenvollkornmehl

3 Eier · 50 g Butter
1 Prise Salz · 2 Eßl. Honig
unbehandelte, abgeriebene Schale von
$^1/_2$ Zitrone
500 g Weizenvollkornmehl
Für die Füllung:
250 g Haselnüsse
3 Eßl. Honig · $^1/_4$ Teel. Vanillepulver
$^1/_2$ Teel. gemahlener Zimt
unbehandelte, abgeriebene Schale von
$^1/_2$ Zitrone
eventuell 1–2 Eßl. Sahne
Zum Bestreichen:
1 Eigelb · 1 Eßl. Milch

• Zubereitungszeit: 50 Minuten
• Ruhezeit: 2 Stunden
• Backzeit: 25 Minuten

So wird's gemacht: Aus den Teigzutaten nach dem Grundrezept auf Seite 99 einen Hefeteig zubereiten und gehen lassen. • Den Teig gut messerrückendick ausrollen, mit dem Teigrädchen Dreiecke ausschneiden. • Aus den feingemahlenen Nüssen, dem Honig, dem Vanillepulver, dem Zimt und der Zitronenschale die Füllung zubereiten, eventuell mit Sahne glattrühren. Je 1 gehäuften Teelöffel in die Mitte der Dreiecke legen. Die Dreiecke von der Breitseite her aufrollen, halbmondförmig biegen und auf ein mit Backpapier belegtes Blech legen, noch-

mals gehen lassen. • Den Backofen auf 200° vorheizen. • Das Eigelb mit der Milch verquirlen und die Hörnchen damit bestreichen. Etwa 25 Minuten im Ofen auf der oberen Schiene backen.

Quark- und Apfeltaschen

275 ml Milch · 1 Würfel Hefe
3 Eßl. Weizenvollkornmehl

3 Eier · 50 g Butter
1 Prise Salz · 2 Eßl. Honig
unbehandelte, abgeriebene Schale von
$^1/_2$ Zitrone
500 g Weizenvollkornmehl
Für die Quarkfüllung:
500 g Magerquark · 4 Eßl. Sahne
4 Eßl. Honig
2 Eigelbe · $^1/_4$ Teel. Vanillepulver
2 Eßl. ungeschwefelte Rosinen
Für die Apfelfüllung:
4–5 säuerliche Äpfel · unbehandelte Schale
von $^1/_2$ Zitrone
2 Eßl. ungeschwefelte Rosinen · 2 Eßl. Honig
$^1/_2$ Teel. Zimt · 1 Messerspitze Ingwerpulver
Zum Bestreichen:
1 Eiweiß · 1 Eigelb · 1 Eßl. Milch

• Zubereitungszeit: 1 Stunde
• Ruhezeit: 2 Stunden
• Backzeit: 25 Minuten

So wird's gemacht: Aus den Teigzutaten nach dem Grundrezept auf Seite 99 einen Hefeteig zubereiten und gehen lassen. • Für die Quarkfüllung alle Zutaten mischen und cremig rühren. • Für die Apfelfüllung die Äpfel schälen, vierteln, vom Kerngehäuse befreien und kleinschneiden. In 1–2 Eßlöffeln Wasser weichdünsten, erkalten lassen und die abgeriebene Zitronenschale zugeben. • Die Rosinen in heißem Wasser quellen lassen und zu den Äpfeln geben. Mit dem Honig und den Gewürzen abschmecken. • Den Teig auf einer bemehlten Arbeitsfläche ausrollen, mit dem Teigrädchen Rechtecke von 9 × 12 cm ausschneiden, die Ränder mit verquirltem Eiweiß bestreichen. Jeweils Quarkcreme oder Apfelmasse in die Mitte geben, die Taschen von der schmalen Seite her zusammenklappen und die Ränder zusammendrücken. Die Taschen fünfmal an der zusammengeklebten Breitseite einschneiden und halbrund biegen. • Den Backofen auf 200° vorheizen. • Das Eigelb mit der Milch verquirlen und die Quark- oder Apfeltaschen damit bestreichen. Nochmals kurz gehen lassen und 25 Minuten im Ofen auf der oberen Schiene backen.

Christstollen

1 kg Weizenvollkornmehl
2¹/₂ Würfel Hefe · 325–350 ml Milch
1 Messerspitze Salz
unbehandelte, abgeriebene Schale von
¹/₂ Zitrone
175 g Honig · 1 Teel. Zimt
¹/₂ Teel. Vanillepulver · 200 g Butter
2 Eßl. Rum · 375 g Sultaninen
250 g Mandeln
je 150 g gewürfeltes Zitronat und Orangeat
Zum Bestreichen und Bestreuen:
2 Eßl. Honig · 2 Eßl. Rum
50 g Mandelblättchen

• Zubereitungszeit: 40 Minuten
• Ruhezeit: 2 Stunden
• Backzeit: 1 Stunde 5 Minuten

So wird's gemacht: Einen Hefeteig zubereiten aus dem Mehl, der in Milch gelösten Hefe, der restlichen Milch, dem Salz, der Zitronenschale, dem Honig, dem Zimt, dem Vanillepulver und der flüssigen Butter. Den Teig kräftig schlagen und gehen lassen. • Den Rum erhitzen und die Sultaninen darin quellen lassen. • Die Sultaninen, die geschälten, grobgehackten Mandeln, das Zitronat und das Orangeat gleichmäßig unter den Teig mischen und nochmals zugedeckt etwa 20 Minuten gehen lassen. • Den Backofen auf 190° vorheizen. • Einen großen oder 2 kleine Stollen formen und etwa 65 Minuten auf der mittleren Schiene des Backofens backen. • Den Honig mit dem Rum verrühren und den Stollen noch heiß damit bestreichen. Mit Mandelblättchen bestreuen und abkühlen lassen. Der Stollen hält sich in Alufolie gewickelt 3–4 Wochen frisch.

Osterbrot

700 g Weizenvollkornmehl
1¹/₂ Würfel Hefe · 350 ml Milch
1 Prise Salz · 4 Eßl. Honig · 40 g Butter
1 Messerspitze Vanillepulver
¹/₂ Teel. Kardamom
unbehandelte, abgeriebene Schale von
¹/₂ Zitrone
2 Eßl. Rum · 150 g ungeschwefelte Rosinen
150 g Zitronat
150 g Mandeln
Zum Bestreichen und Bestreuen:
1 Eigelb · 1 Eßl. Milch
3 Eßl. Mandelblättchen

• Zubereitungszeit: 50 Minuten
• Ruhezeit: 2 Stunden
• Backzeit: 35–40 Minuten

So wird's gemacht: Aus dem Mehl, der in Milch gelösten Hefe, der restlichen Milch, dem Salz, dem Honig, der Butter, dem Vanillepulver, dem Kardamom und der Zitronenschale einen Teig zubereiten, kräftig kneten und 60–90 Minuten zugedeckt gehen lassen. • Den Rum erwärmen und die Rosinen darin quellen lassen. • Das Zitronat, die geschälten, grobgehackten Mandeln und die abgetropften Rosinen zum Teig kneten. • 2 Brote formen und auf ein mit Backpapier belegtes Blech legen und nochmals gehen lassen. • Den Backofen auf 200° vorheizen. • Das Eigelb mit der Milch verquirlen und die Brote damit bestreichen und mit den Mandelblättchen bestreuen. • Im vorgeheizten Ofen auf der mittleren Schiene 35–40 Minuten backen.

Süße Kuchen und feines Gebäck

Amerikanischer Käsekuchen

10 Stück Vollkornzwieback
75 g Butter · 5 Eßl. Ahornsirup
4 Eier · 400 g Doppelrahm-Frischkäse
2 Eßl. Zitronensaft
unbehandelte, abgeriebene Schale von
1/2 Zitrone

- Zubereitungszeit: 30 Minuten
- Backzeit: 1 Stunde 25 Minuten

So wird's gemacht: Den Zwieback zwischen 2 Geschirrtüchern mit dem Teigroller zerdrücken, mit der weichen Butter und 2 Eßlöffel Sirup vermengen und die Brösel in eine gefettete Springform geben, mit feuchten Händen glattdrücken. ● Die Eier in Eigelbe und Eiweiße trennen. ● Den Frischkäse mit dem Zitronensaft und der -schale, 3 Eßlöffel Sirup und den Eigelben cremig rühren. ● Den Backofen auf 150° vorheizen. ● Die Eiweiße steifschlagen und den Eischnee vorsichtig unter die Käsemasse heben. Die Käsecreme auf die Zwiebackmasse streichen. ● Den Kuchen auf die mittlere Schiene des Backofens schieben und 85 Minuten bakken. ● Der Kuchen muß mindestens 2 Stunden auskühlen, bevor er angeschnitten werden kann.

Schwäbischer Apfelkuchen

100 g Butter · 3 Eßl. Honig · 2 Eier
200 g Weizenvollkornmehl
1 Teel. Backpulver
Saft und unbehandelte, abgeriebene Schale von 1/2 Zitrone
1 Messerspitze Vanillepulver
Für den Belag:
2 gehäufte Eßl. ungeschwefelte Rosinen
5 große Äpfel · Zitronensaft
2 Eier · 3 Eßl. Honig · 1/4 l Sahne

- Zubereitungszeit: 30 Minuten
- Ruhezeit: 30 Minuten
- Backzeit: 50 Minuten

So wird's gemacht: Aus den angegebenen Zutaten einen Rührteig herstellen und 30 Minuten ruhen lassen. ● Die Rosinen in heißem Wasser quellen lassen. ● Den Teig in eine gefettete Springform füllen und einen Rand bilden. ● Die abgetropften Rosinen auf dem Teig verteilen. ● Die Äpfel schälen, vierteln, vom Kerngehäuse befreien, die Viertel nochmals dritteln und mit Zitronensaft beträufeln. ● Den Backofen auf 200° vorheizen. ● Den Teigboden mit den Apfelscheiben dicht belegen. ● Die Eier mit dem Honig und der Sahne verquirlen und über die Äpfel gießen. Den Kuchen etwa 50 Minuten auf der mittleren Schiene im Ofen backen. ● Der Apfelkuchen schmeckt frisch, noch warm, am besten.

Apfel-Quark-Kuchen

125 g Pflanzenmargarine
4–6 Eßl. Honig · 4 Eier
1/2 Teel. Zimt
1 Messerspitze Vanillepulver
Saft und unbehandelte, abgeriebene Schale von 1 Zitrone
4 gehäufte Eßl. Vollweizengrieß
2 gestrichene Teel. Backpulver
1 kg Magerquark · 600 g Äpfel

- Zubereitungszeit: 45 Minuten
- Backzeit: 1 Stunde 30 Minuten

So wird's gemacht: Die Margarine mit dem Honig vorsichtig erwärmen, abkühlen lassen und mit den Eiern, dem Zimt und dem Vanillepulver, dem Zitronensaft und der -schale schaumig rühren. Zuletzt den Grieß, das Backpulver und den Quark untermischen. Die Äpfel schälen, mit der Rohkostreibe raspeln und unter den Teig mischen. ● Den Backofen auf 180° vorheizen. ● Den Teig in eine gefettete Springform geben und etwa 90 Minuten im Ofen backen. Damit der Kuchen nicht zu viel Farbe bekommt, muß die Oberfläche nach 60 Minuten mit Alufolie abgedeckt werden.

Süße Kuchen und feines Gebäck

Früchtekuchen

100 g Honig · 150 g Butter · 3 Eier
100 g Hirseflocken · 50 g Vollkornweizenmehl
1 gehäufter Teel. Backpulver · 1 Prise Salz
100 g Nüsse · 1 Tasse Rum
50 g ungeschwefelte Trockenpflaumen
50 g ungeschwefelte Trockenaprikosen
100 g Zitronat · 100 g Orangeat
1 Eßl. Vollkornbrösel

● Zubereitungszeit: 40 Minuten
● Backzeit: 1 Stunde 10 Minuten

So wird's gemacht: Den Honig mit der Butter erwärmen und schaumig rühren. Abkühlen lassen und die Eier zugeben. ● Die Hirseflocken, das Mehl, das Backpulver und das Salz vermischen und mit den feingeriebenen Nüssen und dem Rum in die Schaummasse rühren. ● Den Teig 5 Minuten ruhen lassen. ● Den Backofen auf 175° vorheizen. ● Inzwischen die Aprikosen und die Pflaumen kleinschneiden, das Zitronat und das Orangeat würfeln und unter den Teig heben. ● Den Kuchen in eine gefettete, mit Vollkornbröseln ausgestreute kleine Kastenform füllen und etwa 80 Minuten auf der mittleren Schiene im Backofen backen. ● Abkühlen lassen, in Pergamentpapier oder Alufolie wickeln und vor dem Anschneiden 3 Tage ruhen lassen.

Guglhupf

1 Eßl. Rum · 50 g ungeschwefelte Rosinen
200 g Pflanzenmargarine · 6–8 Eßl. Honig
1 Prise Salz · 4 Eier
300 g Weizenvollkornmehl
1 Päckchen Backpulver · 200 g Haselnüsse
1 Eßl. Vollkornbrösel

● Zubereitungszeit: 15 Minuten
● Backzeit: 1 Stunde

So wird's gemacht: Den Rum erwärmen und die Rosinen darin quellen lassen. ● Die Margarine mit dem Honig verrühren. Das Salz, die Eier, das mit dem Backpulver gemischte Mehl und die gemahlenen Nüsse zugeben. Mit dem Elektroquirl einige Minuten rühren, zuletzt die abgetropften Rosinen unter den Teig heben. ● Den Backofen auf 190° vorheizen. ● Den Teig in eine gefettete, mit Bröseln ausgestreute Guglhupfform geben und den Kuchen 1 Stunde auf der mittleren Schiene des Backofens backen.

Johannisbeer-Baiser-Torte

200 g Weizenvollkornmehl
1 Prise Salz · 100 g Butter
3 Eßl. Honig · 2–3 Eßl. Wasser
Für den Belag:
2 Stück Vollkorn-Zwieback
500 g Johannisbeeren
2–3 Eiweiße · 1 Prise Salz
4 Eßl. flüssiger Honig

● Zubereitungszeit: 35 Minuten
● Ruhezeit: 30 Minuten
● Backzeit: 30 Minuten

So wird's gemacht: Aus dem Mehl, dem Salz, der flüssigen Butter, dem Honig und dem Wasser einen Mürbeteig rühren und 30 Minuten ruhen lassen. ● Den Backofen auf 190° vorheizen. ● Den Teig in eine gefettete, bemehlte Springform drücken und einen Rand bilden. Den Boden mit einer Gabel mehrmals einstechen. 15 Minuten im Ofen vorbacken. ● Die Zwiebackstücke mit dem Teigroller zwischen 2 Geschirrtüchern zerreiben und den vorgebackenen Boden damit bestreuen. ● Die Johannisbeeren waschen, verlesen und abtropfen lassen. Die Eiweiße mit dem Salz zu steifem Schnee schlagen, vorsichtig den Honig unterrühren und mit den Johannisbeeren vermischen. ● Die Masse auf den Kuchenboden streichen und den Kuchen auf der mittleren Schiene des Ofens etwa 15 Minuten bei 220° fertigbakken.

Süße Kuchen und feines Gebäck

Kirschkuchen

150 g Butter · 6 EßI. Honig
4 Eier · 75 g geraspelte Schokolade
1 Teel. Zimt · 1 Prise gemahlene Nelken
50 g Vollkornbrösel
150 g Mandeln · 500 g Sauerkirschen
200 ml Sahne · 2 EßI. Ahornsirup
1 Prise Vanillepulver

● Zubereitungszeit: 20 Minuten
● Backzeit: 1 Stunde

So wird's gemacht: Mit dem Elektroquirl die flüssige Butter mit dem Honig und den Eiern schaumig rühren. Die Schokolade, die Gewürze, die Brösel und die grobgemahlenen Mandeln zugeben. ● Den Backofen auf 190° vorheizen. ● Den Teig in eine gefettete und mit Bröseln ausgestreute Springform geben und die nicht entsteinten, gewaschenen Kirschen gleichmäßig darauf verteilen. Den Kuchen 1 Stunde auf der mittleren Schiene des Ofens backen. ● Die Sahne steifschlagen, mit dem Ahornsirup süßen, das Vanillepulver zugeben und die Sahne zum abgekühlten Kirschkuchen servieren. Machen Sie Ihre Familie und Gäste auf die Kirschkerne im Kuchen aufmerksam.

Zwetschgenwähe

100 g Butter · 1 Ei · 2 EßI. saure Sahne
2 EßI. Honig · 1 Prise Salz
2 Messerspitzen Vanillepulver
200 g Weizenvollkornmehl
50 g Mandeln
Für den Belag:
850 g Zwetschgen
2 Eier · 1/8 l Sahne
1/2 Teel. Zimt · 2 EßI. Honig

● Zubereitungszeit: 55 Minuten
● Backzeit: 40 Minuten

So wird's gemacht: Aus den Zutaten für den Teig einen Mürbeteig rühren, wie auf Seite 109 beschrieben, und den Teig 30 Minuten kühlstellen. ● Die Zwetschgen waschen und entsteinen. ● Den Backofen auf 200° vorheizen. ● Eine Wähenform oder große Springform fetten und bemehlen, den Mürbeteig in die Form drücken und einen Teigrand bilden, den Boden einstechen. ● Den Mürbeteig 10 Minuten vorbacken. ● Den Teigboden dicht mit den Zwetschgen belegen, die Schnittflächen nach oben. Die Wähe 10 Minuten auf der oberen Schiene des Backofens backen. ● Die Eier mit der Sahne, dem Zimt und dem Honig verquirlen. Die Eimasse über den vorgebackenen Obstkuchen geben und nochmals 15 Minuten backen.

Mein Tip: Sehr fein schmeckt die Wähe, wenn Sie zur Eimasse 75 g geschälte, gestiftelte Mandeln geben.

Quark-Öl-Teig aus Vollkornmehl – Grundrezept

Kuchen aus Quark-Öl-Teig schmecken besonders gut, wenn sie mit Vollkornmehl zubereitet werden. Mit Honig für Obstkuchen, Quarkkuchen, Streuselkuchen, mit Salz für Zwiebelkuchen, Käsekuchen, Pizza.

150 g Magerquark · 3 EßI. Milch
3 EßI. Pflanzenöl
2 Messerspitzen Salz oder 2 EßI. Honig
1/2 Päckchen Backpulver
200 g Weizenvollkornmehl

● Zubereitungszeit: 10 Minuten
● Ruhezeit: 45 Minuten

So wird's gemacht: Den Quark mit der Milch, dem Öl, dem Salz oder dem Honig und der Hälfte des mit dem Backpulver gemischten Mehls mit dem Elektroquirl verrühren. Das restliche Mehl unterkneten, bis der Teig glatt und geschmeidig ist, er darf nicht mehr kleben. ● Den Teig in

Alufolie wickeln und 45 Minuten kühlstellen. •
Den Quark-Öl-Teig nach der Ruhezeit gleich
verarbeiten. Gebäck aus Quark-Öl-Teig
schmeckt frisch am besten.

Vollkorn-Zwieback

500 g Weizenvollkornmehl
1¹⁄₂ Päckchen Backpulver
1 Messerspitze Salz
2 gestrichene Teel. gemahlener Anis
2 Eßl. Honig · 4 Eßl. Pflanzenöl
300 ml Milch
Zum Bestreuen:
Vollkornbrösel

- Zubereitungszeit: 15 Minuten
- Ruhezeit: 30 Minuten
- Backzeit: 45 Minuten

So wird's gemacht: Aus den Zutaten einen Teig
rühren, 30 Minuten ruhen lassen. • Den Backofen auf 190° vorheizen. • Den Teig in 2 gefettete, mit Bröseln bestreute kleine Kastenformen
geben. 45 Minuten auf der mittleren Schiene des
Backofens backen. • Den Zwieback auf einem
Kuchengitter auskühlen lassen. Am nächsten
Tag das Gebäck in etwa 1 cm dicke Scheiben
schneiden, am besten eignet sich dazu ein elek-
trisches Sägemesser. Die Scheiben auf dem
Backblech bei 100° von beiden Seiten trock-
nen.

Variante
Sie können den Zwieback statt mit Anis auch mit
100 g Kokosflocken zubereiten.

Kleine Gewürzkuchen

250 g Butter · 200 g Honig · 4 Eier
375 g Weizenvollkornmehl · 2 Teel. Backpulver
75 g gewürfeltes Zitronat · 100 g Walnüsse
2 Eßl. Rum · 100 g Sultaninen
1 Teel. gemahlener Zimt
¹⁄₂ Teel. gemahlener Piment
1 Eßl. Kakao · 1 Prise Salz · 1 Prise Muskat
Für die Glasur:
2 Eßl. Honig · 1 Eßl. Rum

- Zubereitungszeit: 35 Minuten
- Ruhezeit: 15 Minuten
- Backzeit: 20–30 Minuten

So wird's gemacht: Die flüssige Butter, den
Honig, die Eier und das mit dem Backpulver
vermischte Mehl zu einem Teig verrühren. 15
Minuten ruhen lassen. • Die übrigen Zutaten
unter den Teig mischen. • Den Backofen auf
180° vorheizen. • Den Teig auf ein gefettetes
oder mit Backpapier belegtes Backblech streichen, mit Alufolie begrenzen. 20–30 Minuten auf
der oberen Schiene des Backofens backen. •
Für die Glasur den Honig mit dem Rum verrühren und den Kuchen noch heiß damit bestreichen. • Den Kuchen abkühlen lassen und in
Würfel schneiden. In einer Blechdose aufbewahrt entwickeln die Gewürzkuchen erst nach
einer Woche ihr volles Aroma.

Mandelschnitten

200 ml Sahne · 4 Eßl. Honig
1 Prise Salz · ¹⁄₄ Teel. Vanillepulver · 4 Eier
250 g Weizenvollkornmehl
1 Päckchen Backpulver
Für den Belag:
125 g Butter · 4 Eßl. Honig
¹⁄₄ Teel. Vanillepulver
unbehandelte, abgeriebene Schale von
¹⁄₂ Zitrone
200 g Mandeln

- Zubereitungszeit: 45 Minuten
- Ruhezeit: 15 Minuten
- Backzeit: 30 Minuten

So wird's gemacht: Mit dem Elektroquirl die
Sahne mit dem Honig verrühren, das Salz, das
Vanillepulver, die Eier und das mit dem Backpul-

ver gemischte Mehl unterrühren. Den Teig 15 Minuten ruhen lassen. • Den Backofen auf 190° vorheizen. • Ein Backblech mit Backpapier belegen, den Teig auf das Papier streichen und 12–15 Minuten im Ofen vorbacken. • Die flüssige Butter, den Honig, das Vanillepulver und die Zitronenschale verrühren. Die geschälten, grob gestiftelten Mandeln zugeben. Die Masse auf den vorgebackenen Teig streichen und nochmals 15 Minuten auf der oberen Schiene des Backofens backen. • Den Kuchen noch warm in Stücke schneiden.

Mein Tip: Die Mandelschnitten eignen sich gut zum Einfrieren.

Mandelplätzchen

300 g Butter · 150 g Honig · 1 Ei
150 g Mandeln · 1 gehäufter Teel. Zimt
unbehandelte, abgeriebene Schale von
$1/2$ Orange
300 g Weizenvollkornmehl
Zum Bestreichen und Bestreuen:
1 Eigelb · 1 Eßl. Milch
75 g Mandelblättchen

• Zubereitungszeit: 35 Minuten
• Ruhezeit: 3 Stunden
• Backzeit: etwa 12 Minuten

So wird's gemacht: Die weiche Butter mit dem Honig schaumig rühren, das Ei, die geschälten, gemahlenen Mandeln, den Zimt und die Orangenschale zugeben und das Mehl unter den Teig kneten. • 3 Stunden in Alufolie gewickelt im Kühlschrank ruhen lassen. • Das Eigelb mit der Milch verquirlen. • Den Backofen auf 190° vorheizen. • Den Teig ausrollen, Plätzchen ausstechen, mit Eimilch bestreichen und mit den Mandelblättchen bestreuen. • 12 Minuten auf der oberen Schiene des Backofens backen.

Spitzbuben

250 g getrocknete, ungeschwefelte Aprikosen
250 g Weizenvollkornmehl · 200 g Haselnüsse
2 Eßl. Honig · 175 g Butter
abgeriebene, unbehandelte Schale von
$1/2$ Zitrone

• Einweichzeit: über Nacht
• Zubereitungszeit: 35 Minuten
• Ruhezeit: 3 Stunden
• Backzeit: 10–12 Minuten

So wird's gemacht: Die Aprikosen am Vorabend in lauwarmem Wasser einweichen. • Aus dem Mehl, den gemahlenen Nüssen, dem Honig, der kalten Butter in Flöckchen und der Zitronenschale rasch einen Teig kneten, in Alufolie wickeln und 3 Stunden im Kühlschrank ruhen lassen. • Die Aprikosen mit so viel Einweichwasser pürieren, daß eine dicke Marmelade entsteht. • Den Backofen auf 180° vorheizen. • Den Teig ausrollen und runde Plätzchen in drei verschiedenen Größen ausstechen. Die Plätzchen 10–12 Minuten auf der oberen Schiene des Backofens backen, dann abkühlen lassen. • Je 3 Plätzchen unterschiedlicher Größe mit der Aprikosenmarmelade zusammenkleben.

Früchtewürfel

4 Eßl. Zuckerrübensirup
50 g Pflanzenmargarine · 4 Eier
175 g Weizenvollkornmehl
1 gehäufter Teel. Backpulver
1 Teel. Lebkuchengewürz
100 g ungeschwefelte Rosinen
100 g Haselnüsse · 2 Eßl. Rum
100 g getrocknete Datteln
100 g getrocknete Feigen
100 g gewürfeltes Orangeat

• Zubereitungszeit: 40 Minuten
• Ruhezeit: 15 Minuten
• Backzeit: 25 Minuten

So wird's gemacht: Den Sirup mit der Margarine erwärmen, verrühren und abkühlen lassen. • Die Eier, das mit Backpulver gemischte Mehl, das Lebkuchengewürz, die Rosinen, die grobgemahlenen Nüsse und den Rum zufügen. • Die Datteln und die Feigen kleinschneiden und mit dem Orangeat unter den Teig mischen und diesen 15 Minuten ruhen lassen. • Den Backofen auf 200° vorheizen. • Ein Backblech mit Backpapier auslegen, den Teig mit einem in Wasser getauchten Teigschaber gleichmäßig darauf verteilen und etwa 25 Minuten auf der oberen Schiene des Backofens backen. • Nach dem Erkalten in Rauten schneiden.

> Mein Tip: In einer Blechdose aufbewahrt halten sich die Würfel lange frisch.

Printen

400 g Zuckerrübensirup
100 g Pflanzenmargarine
500 g Weizenvollkornmehl
1½ Päckchen Backpulver
1 Päckchen Lebkuchengewürz
175 g Haselnüsse
75 g gewürfeltes Zitronat · 1–2 Eßl. Rum
Zum Bestreichen:
2 Eßl. Zuckerrübensirup · 1 Eßl. Rum

• Zubereitungszeit: 40 Minuten
• Ruhezeit: 2 Stunden
• Backzeit: 20 Minuten

So wird's gemacht: Den Sirup mit der Margarine erwärmen, verrühren und etwas abkühlen lassen. • Das mit dem Backpulver und dem Lebkuchengewürz gemischte Mehl untermischen, die gemahlenen Nüsse und das Zitronat zugeben. • Den Teig zugedeckt im Kühlschrank etwa 2 Stunden ruhen lassen. • Den Backofen auf 190° vorheizen • Den Teig etwa 1/2 cm dick ausrollen, mit dem Teigrädchen Rechtecke ausschneiden

und auf ein mit Backpapier belegtes Backblech legen. • Den restlichen Sirup mit dem Rum verdünnen, jede Printe damit bepinseln. • Die Printen etwa 20 Minuten auf der oberen Schiene des Ofens backen.

Mürbeteig aus Weizenvollkornmehl
Sie können den Mürbeteig zum Belegen von Springformen und Backblechen durch Rühren zubereiten. Zur Herstellung von Kleingebäck wird der Mürbeteig geknetet.

Selbstverständlich können Sie auch den süßen Mürbeteig rühren und den salzigen Mürbeteig kneten. Die Teigmenge ist ausreichend für eine Springform von 28–30 cm Ø. Die Form wird vor dem Belegen eingefettet und bemehlt.

Süßer Knet-Mürbeteig – Grundrezept

200 g Weizenvollkornmehl
1 Messerspitze Backpulver
50 g Mandeln
1 Ei · 2 Eßl. saure Sahne
2 Eßl. Honig · 1 Prise Salz
2 Messerspitzen Vanillepulver · 100 g Butter

• Zubereitungszeit: 10 Minuten

So wird's gemacht: Das Mehl mit dem Backpulver und den geschälten, gemahlenen Mandeln vermengen und die Mischung auf ein Holzbrett schütten. Eine Mulde bilden. In die Mulde das Ei, die saure Sahne, den Honig und die Gewürze geben. Die kalte Butter in Flöckchen auf dem Mehl verteilen. Mit kalten Händen rasch einen Teig kneten. In Alufolie wickeln und 60 Minuten im Kühlschrank ruhen lassen. Nehmen Sie zum Verarbeiten nur soviel Teig aus dem Kühlschrank, wie Sie gerade brauchen. Rollen Sie den Teig in wenig Mehl aus und vermeiden Sie Reste. Mürbeteig läßt sich gut zwischen 2 Lagen Klarsichtfolie ausrollen.
Kleingebäck wird auf der oberen Schiene des Backofens bei 180° goldgelb gebacken.

Salzige Kuchen, herzhaftes Gebäck

Gerührter, salziger Mürbeteig – Grundrezept
100 g Butter · 1 Ei
2 Eßl. saure Sahne · 2 Messerspitzen Salz
200 g Weizenvollkornmehl
1 Messerspitze Backpulver

● Zubereitungszeit: 10 Minuten

So wird's gemacht: Die weiche Butter schaumig rühren, das Ei, die saure Sahne und das Salz zugeben, zuletzt das mit dem Backpulver gemischte Mehl. Rühren, bis der Teig eine gleichmäßige Beschaffenheit hat, dann 30 Minuten zugedeckt ruhen lassen. ● Den Backofen auf 200° vorheizen. ● Eine Form ausfetten und bemehlen. Überschüssiges Mehl durch Klopfen entfernen. ● Dann ²/₃ der Teigmenge mit angefeuchteten Händen in die Form drücken. Mit dem restlichen Teig den Springformrand belegen und festdrücken. Den Boden mit einer Gabel mehrmals einstechen, um Blasenbildung zu vermeiden. Sie können den Teig 10–15 Minuten bei 200° auf der mittleren Schiene des Backofens vorbacken, ihn dann belegen und fertigbacken.

Gemüsepastete

Ein vegetarischer Leckerbissen für die festliche Tafel.

Für den Teig:
500 g Weizenvollkornmehl
¹/₄ Teel. Backpulver
1 gestrichener Teel. Salz · 5 Eßl. saure Sahne
2 große Eier · 250 g Butter
Für die Füllung:
je 2 rote und grüne Paprikaschoten
4 Stangen Lauch (Porree) · 4 Möhren
300 g tiefgefrorene Erbsen · 40 g Butter
Salz · weißer Pfeffer aus der Mühle
3 Eier
150 g geriebener Chester Käse
1 Bund Petersilie

Zum Bestreichen:
1 Eiweiß · 1 Eigelb

● Zubereitungszeit: 1 Stunde 25 Minuten
● Backzeit: 1 Stunde 10 Minuten

So wird's gemacht: Mit kalten Händen aus den angegebenen Zutaten wie auf Seite 110 beschrieben einen Mürbeteig kneten und diesen in Alufolie gewickelt mindestens 60 Minuten im Kühlschrank ruhen lassen. ● In der Zwischenzeit die Paprikaschoten waschen, halbieren, von Rippen und Kernen befreien und in Streifen schneiden. Die Paprikastreifen blanchieren: mit kochendem Salzwasser übergießen und zugedeckt 3 Minuten stehen lassen, das Wasser abgießen und abtropfen lassen. ● Die dunkelgrünen Blätter vom Lauch abschneiden, die Stangen waschen und in feine Scheiben schneiden. Die Möhren waschen, schaben und kleinwürfeln. Diese Gemüse und die Erbsen getrennt in wenig Wasser in etwa 10 Minuten garen und würzen.● Den Mürbeteig zwischen 2 steiferen Plastikfolien ausrollen. ● Eine gut gefettete und bemehlte Pasteten- oder Königskuchenform mit zwei Dritteln des Teiges auslegen, die Ränder überstehen lassen. ● Die Gemüse abtropfen lassen, mit den Eiern, dem Käse und der gewaschenen, gehackten Petersilie mischen. Diese Masse in die Teigform füllen, die Teigränder zur Mitte einschlagen und mit dem verquirlten Eiweiß bestreichen. ● Aus dem restlichen ausgerollten Teig einen Deckel schneiden. Mit einem runden Förmchen oder Likörglas 2 Kreise aus dem Deckel ausstechen, damit der Dampf beim Backen entweichen kann. Den Deckel auf die Pastete legen, die Ränder andrücken. ● Den Backofen auf 200° vorheizen. ● Aus den Teigresten Figuren formen wie Blätter, Pilze oder zu festlichen Anlässen Kerzen, Tannenbäume, Sterne, Herzen oder Ringe. Die Figuren mit Eiweiß auf den Pastetendeckel kleben. ● Die Pastete mit dem verquirlten Eigelb bestreichen und 60–70 Minuten auf der mittleren Schiene des Ofens backen. Die Pastete auskühlen lassen, dann aus der Form nehmen. Sie läßt sich am besten mit einem elektrischen Sägemesser in 8–10 mm dicke Stücke schneiden.

Pikanter Käsekuchen

100 g Pflanzenmargarine · 1 Ei
2 Eßl. saure Sahne · 2 Messerspitzen Salz
200 g Weizenvollkornmehl
1 Messerspitze Backpulver
Für den Belag:
1 Bund Petersilie
¹/₄ l Sahne · 2 Eier
1 Becher Joghurt oder Sanoghurt
200 g geriebener Greyerzer Käse oder Emmentaler Käse
Pfeffer · edelsüßes Paprikapulver

● Zubereitungszeit: 40 Minuten
● Backzeit: 30 Minuten

So wird's gemacht: Aus den Zutaten für den Teig einen Mürbeteig rühren (siehe Seite 110) und diesen 30 Minuten im Kühlschrank ruhen lassen. ● Den Backofen auf 200° vorheizen. ● Den Boden einer gefetteten und bemehlten Springform mit dem Teig belegen, einen Rand bilden und den Boden mit einer Gabel mehrmals einstechen. Den Kuchen 10 Minuten im Ofen vorbacken. ● Die Petersilie feinschneiden und mit der Sahne, den Eiern, dem Joghurt, dem Käse und den Gewürzen verquirlen. ● Die Käsemasse auf den vorgebackenen Boden streichen und den Kuchen noch 20 Minuten backen. ● Der Kuchen wird heiß gegessen, Reste nochmals aufbacken.

Florentiner Spinatkuchen

250 g Weizenvollkornmehl
¹/₂ Päckchen Backpulver · 1 Ei
1 Prise Salz · 125 g Pflanzenmargarine
Für den Belag:
1 kg frischer Spinat · 40 g Butter
Salz · geriebene Muskatnuß
125 g geriebener Parmesankäse
¹/₈ l Sahne · 2 Eier
Salz · weißer Pfeffer aus der Mühle

● Zubereitungszeit: 1 Stunde
● Ruhezeit: 30 Minuten
● Backzeit: 45 Minuten

So wird's gemacht: Aus den Zutaten für den Teig, wie auf Seite 110 beschrieben, einen Mürbeteig rühren. 30 Minuten ruhen lassen. ● Den Spinat waschen, verlesen und abtropfen lassen. ● Die Butter erhitzen und den Spinat dünsten, bis er zusammenfällt. Mit Salz und Muskat würzen, grobhacken. Mit dem Käse vermengen. ● Den Boden einer gefetteten und bemehlten Springform mit Teig auslegen und einen Rand bilden, den Teigboden mehrmals mit einer Gabel einstechen. ● Den Backofen auf 200° vorheizen. ● Den Kuchen 15 Minuten im Ofen vorbacken. ● Die Spinatmasse auf dem vorgebackenen Teig verteilen. Die Sahne mit den Eiern und den Gewürzen verquirlen und über den Spinat gießen. ● Den Kuchen bei 180° backen, bis er eine goldgelbe Farbe hat.

Gemüsewähe
Bild Seite 44

150 g Magerquark · 3 Eßl. Milch
3 Eßl. Pflanzenöl · ¹/₄ Teel. Salz
¹/₂ Päckchen Backpulver
200 g Weizenvollkornmehl
Für den Belag:
2 kleine Zwiebeln · 50 g Pflanzenmargarine
je 1 rote und grüne Paprikaschote
2 kleine Zucchini
250 g Broccoli · 4 Tomaten
Salz · weißer Pfeffer aus der Mühle
200 g geriebener Emmentaler Käse
4 Eier · 200 ml Sahne
1 Bund Petersilie

● Zubereitungszeit: 1 Stunde 25 Minuten
● Ruhezeit: 45 Minuten
● Backzeit: 45 Minuten

So wird's gemacht: Aus den Zutaten für den Teig, wie auf Seite 106 beschrieben, einen

Quark-Öl-Teig zubereiten, 45 Minuten ruhen lassen. • Den Teig in eine gefettete Wähen- oder Springform geben und einen Teigrand bilden. • Die Zwiebeln schälen, in Ringe schneiden, die Schoten waschen, putzen, von Kernen und Rippen befreien und in Streifen schneiden. Die Zucchini waschen und in Scheiben schneiden. Die Zwiebelringe in der Margarine glasig braten, die Schoten zugeben, 5 Minuten dünsten. Die Zucchinischeiben in einer Pfanne in wenig Margarine von beiden Seiten braten. • Den Broccoli in Blüten und Stiele teilen, die Stiele vierteln und das Gemüse in wenig Salzwasser 5 Minuten garen, abtropfen lassen. • Den Backofen auf 200° vorheizen. • Die Gemüse würzen, auf dem Teig verteilen. Die gehäuteten Tomaten in Scheiben schneiden und gleichmäßig auf dem Gemüse verteilen, würzen. • Den Käse mit den Eiern, der Sahne und der kleingeschnittenen Petersilie verquirlen, über die Wähe gießen. Die Wähe 45 Minuten im Ofen backen.

Lauchtorte

125 g Weizenvollkornmehl
$^1/_2$ Teel. Backpulver • $^1/_4$ Teel. Salz
100 g geriebener Emmentaler Käse
$^1/_2$ Teel. Senfpulver • 1 Prise Estragon
1 Zwiebel • 1 Ei
4 Eßl. Milch • 40 g Butter
Für den Belag:
750 g Lauch • Salz
weißer Pfeffer aus der Mühle
3 Eier
$^1/_8$ l saure Sahne • 100 ml Sahne
200 g geriebener Emmentaler Käse

- Zubereitungszeit: 1 Stunde
- Ruhezeit: 30 Minuten
- Backzeit: 60 Minuten

So wird's gemacht: Aus den angegebenen Zutaten mit dem Käse, den Gewürzen und der geschälten, geriebenen Zwiebel rasch einen Mürbeteig kneten, 60 Minuten im Kühlschrank

ruhen lassen. • Den Teig in eine gefettete und bemehlte Springform geben, einen Rand bilden, den Teigboden mehrmals mit einer Gabel einstechen. • Vom Lauch die dunkelgrünen Blätter abschneiden, die Stangen der Länge nach halbieren, waschen, in 2 cm lange Stücke schneiden. In wenig Salzwasser in 5 Minuten garen, abtropfen lassen und würzen. Das Gemüse auf dem Teigboden verteilen. • Den Backofen auf 200° vorheizen. • Die Eier mit der Sahne, Pfeffer und dem Käse verrühren, über den Lauch gießen. • Die Torte 60 Minuten backen. • Die Torte wird warm gegessen. Sie läßt sich gut einfrieren. Übriggebliebene Reste vor dem Essen nochmals aufbacken.

Schweizer Zwiebelkuchen

100 g Butter • 1 Ei
2 Eßl. saure Sahne
2 Messerspitzen Salz
250 g Weizenvollkornmehl
1 Messerspitze Backpulver
Für den Belag:
500 g Zwiebeln • 30 g Butter
1 Becher Joghurt oder Sanoghurt
1 gehäufter Teel. Kümmel
Salz • weißer Pfeffer aus der Mühle
1 Eßl. edelsüßes Paprikapulver
100 g geriebener Emmentaler Käse
4 Eier • 1 Bund Petersilie

- Zubereitungszeit: 40 Minuten
- Ruhezeit: 30 Minuten
- Backzeit: 50 Minuten

So wird's gemacht: Aus den Zutaten für den Teig einen Mürbeteig rühren und 30 Minuten ruhen lassen. • Den Backofen auf 190° vorheizen. • Den Boden einer gefetteten, bemehlten Springform mit Teig belegen und einen Rand formen. Den Teigboden mit einer Gabel mehrmals einstechen. Den Mürbeteig 10 Minuten vorbacken. • Die Zwiebeln grobhacken, in der Butter hellgelb dünsten und abkühlen lassen: Mit dem

Joghurt, den Gewürzen, dem Käse, den Eiern und der kleingeschnittenen Petersilie vermengen. • Die Zwiebelmasse auf den vorgebackenen Boden streichen und in etwa 40 Minuten auf der mittleren Schiene des Backofens fertigbacken.

Käsestangen

200 g Weizenvollkornmehl
200 g geriebener mittelalter Gouda Käse
200 g Butter • 2 Eigelbe • 2 Eßl. Sahne
Zum Bestreichen und Bestreuen:
1 Eigelb • 1 Eßl. Milch • Kümmel

• Zubereitungszeit: 40 Minuten
• Ruhezeit: über Nacht
• Backzeit: 12 Minuten

So wird's gemacht: Aus dem Mehl, dem Käse, der kalten Butter, den Eigelben und der Sahne rasch einen Mürbeteig kneten und im Kühlschrank ruhen lassen. • Den Teig zwischen 2 Lagen Plastikfolie etwa $1/2$ cm dick ausrollen. Mit dem Teigrädchen Streifen von $1^{1}/2$ cm Breite und etwa 10 cm Länge schneiden. • Den Backofen auf 180° vorheizen. • Die Teigstreifen auf ein mit Backpapier belegtes Backblech legen. • Das Eigelb mit der Milch verquirlen. Die Käsestangen damit bestreichen und mit Kümmel bestreuen. • 10–12 Minuten auf der oberen Schiene des Backofens backen. • Käsegebäck immer vorsichtig backen, gebräunt schmeckt es bitter.

Mein Tip: Diese Käsestangen eignen sich auch als Beilage zu einer klaren Gemüsebrühe.

Gefüllte Windbeutel

200 ml Wasser • 40 g Butter
1 Prise Salz • 125 g Weizenvollkornmehl
3 mittelgroße Eier
40 g geriebener Emmentaler Käse

• Zubereitungszeit: 55 Minuten
• Backzeit: etwa 30 Minuten

So wird's gemacht: Das Wasser mit der Butter und dem Salz aufkochen. Das Mehl auf einmal zufügen und so lange rühren, bis sich ein Kloß bildet, 1 Ei unterrühren. • Die Masse abkühlen lassen, die restlichen Eier und den Käse mit dem Teig verrühren. • Den Backofen auf 220° vorheizen. • Mit zwei in Wasser getauchten Teelöffeln etwa 15 kleine Teighäufchen auf das mit Backpapier belegte Backblech setzen. 1 Tasse Wasser in den Backofen stellen. Die Windbeutel 30 Minuten im Ofen backen. • Von dem noch heißen Gebäck mit einer Haushaltsschere die Deckel abschneiden, dann auskühlen lassen.

Füllungen (für 15 Stück):
Kräuter-Creme:
400 g Doppelrahm-Frischkäse
3 Eßl. trockener Weißwein
Petersilie • Dill • Kerbel • Schnittlauch
Salz • weißer Pfeffer aus der Mühle

Aus dem Frischkäse, dem Weißwein, den gewaschenen, kleingeschnittenen Kräutern, Salz und Pfeffer eine Creme rühren und in die Windbeutel füllen.

Meerrettich-Creme:
400 g Doppelrahm-Frischkäse • 1 Apfel
Stangenmeerrettich • Salz
1 Prise Zucker

Aus dem Frischkäse, dem geraspelten Apfel, dem geschälten, geriebenen Meerrettich, Salz und dem Zucker eine Creme rühren und die Windbeutel damit füllen. Am besten eignet sich dafür eine Spritztüte.

Vollwertige Aufläufe

Die Aufläufe werden in gefetteten Auflaufformen offen, das heißt ohne Deckel im Backofen auf der mittleren Schiene gebacken.

Apfelauflauf

4 altbackene Vollkornbrötchen
etwa $1/4$ l Milch · 1 Eßl. Rum
50 g ungeschwefelte Rosinen
500 g Äpfel · 4 Eier
unbehandelte, abgeriebene Schale von
$1/2$ Zitrone · 4 Eßl. Honig · 20 g Butter

- Zubereitungszeit: 45 Minuten
- Backzeit: etwa 1 Stunde

So wird's gemacht: Die Brötchen würfeln und mit der heißen Milch übergießen, quellen und abkühlen lassen. • Den Rum erhitzen und die Rosinen darin quellen lassen. • Die Äpfel schälen, vierteln, vom Kerngehäuse befreien, in dünne Scheiben schneiden. • Die Eier, die Zitronenschale und den Honig zu der Brötchenmasse geben und verrühren. • Den Backofen auf 190° vorheizen. • Die Hälfte des Teiges in eine gefettete Auflaufform füllen. • Die Äpfel auf den Teig legen, die abgetropften Rosinen darauf verteilen. • Die restliche Teigmasse über die Äpfel geben. • Die Butter in Flöckchen auf den Teig setzen und den Auflauf 50–60 Minuten backen.

Reisauflauf

2 Tassen Rundkorn-Naturreis
4 Tassen Milch · 1 Prise Salz
2 Eßl. ungeschwefelte Rosinen
500 g Äpfel · 40 g Butter
2 Eier · 250 g Magerquark
3 Eßl. Honig · $1/4$ Teel. Vanillepulver
unbehandelte, abgeriebene Schale von
$1/2$ Zitrone

- Zubereitungszeit: 1 Stunde 5 Minuten
- Backzeit: 40 Minuten

So wird's gemacht: Die Milch mit dem Salz erhitzen, den Reis zugeben, aufkochen und 50 Minuten bei milder Hitze ausquellen, dann auskühlen lassen. • Die Rosinen in heißem Wasser quellen lassen. • Die Äpfel schälen, vierteln, vom Kerngehäuse befreien und die Viertel dritteln. In 20 g Butter dünsten; die Äpfel sollen nicht zerfallen. • Die Eier in Eigelbe und Eiweiße trennen. Die Eiweiße steifschlagen. Den Reis mit dem Quark, den Eigelben, dem Honig, dem Vanillepulver, der Zitronenschale und den abgetropften Rosinen vermengen. Den steifgeschlagenen Eischnee vorsichtig unterheben. • Den Backofen auf 200° vorheizen. • In eine gefettete Auflaufform schichtweise Reisbrei und Äpfel füllen, obenauf eine Schicht Reis. Die restliche Butter in Flöckchen darauf verteilen und den Auflauf 40 Minuten im Ofen backen.

Hirseflocken-Quark-Auflauf mit Äpfeln

4 Eier · 300 g Magerquark · 4 Eßl. Sahne
4 Eßl. Hirseflocken · 3 Eßl. Honig
2 Eßl. Haselnüsse
unbehandelte, abgeriebene Schale von
$1/2$ Zitrone
1 Eßl. Rum · 2 Eßl. Rosinen · 3–4 Äpfel

- Zubereitungszeit: 30 Minuten
- Backzeit: 1 Stunde

So wird's gemacht: Die Eier in Eiweiße und Eigelbe trennen. Den Quark mit der Sahne cremig rühren, die Eigelbe, die Hirseflocken, den Honig, die grobgehackten Nüsse und die Zitronenschale zugeben. • Den Rum erhitzen und die Rosinen darin quellen lassen. • Die Äpfel schälen, vom Kerngehäuse befreien, in kleine Stücke schneiden und zur Quarkmasse geben. • Die Eiweiße steifschlagen. • Den Backofen auf 200° vorheizen. • Die Rosinen und den Eischnee unter die Quarkmasse heben. • Den Auflauf in einer gefetteten Form 55–60 Minuten im Ofen backen.

◁ Zum Bild auf Seite 115: Reisauflauf mit Pilzen. Rezept Seite 88. Zum Bild links: Gefüllte Pfirsiche, geeignet als Nachtisch oder leichtes Abendessen. Hinten Kalifornischer Obstsalat. Rezepte Seite 124 und 123.

Kirschauflauf

4 Eier · 4 Eßl. Honig
75 g Vollweizengrieß
1 gestrichener Teel. Backpulver
unbehandelte, abgeriebene Schale von
1 Zitrone
1 Prise Salz · 500 g Magerquark
500 g süße Kirschen

- Zubereitungszeit: 20 Minuten
- Backzeit: 45 Minuten

So wird's gemacht: Die Eier in Eiweiße und Eigelbe trennen. • Die Eigelbe mit dem Honig schaumig rühren, den Grieß, das Backpulver, die Zitronenschale, das Salz und den Quark zugeben. • Die Eiweiße zu steifem Schnee schlagen und vorsichtig unterheben. • Die Quarkmasse in eine gefettete Auflaufform füllen und die gewaschenen, abgetropften Kirschen auf dem Teig verteilen. Den Auflauf 40–45 Minuten bei 200° backen.

••••••••••••••••••••••••••••••••••
Mein Tip: »Mit«-Esser auf die Kerne im
Auflauf hinweisen.
••••••••••••••••••••••••••••••••••

Pflaumenauflauf

600 ml Milch · 250 g Vollkornzwieback
4 Eßl. Honig · 4 Eier
1 gestrichener Teel. Zimt
1 Prise gemahlene Nelken
2 Eßl. Zwetschgenwasser
etwa 800 g Pflaumen · 20 g Butter

- Zubereitungszeit: 30 Minuten
- Backzeit: 1 Stunde

So wird's gemacht: Die Milch zum Kochen bringen und den zerbröckelten Zwieback damit übergießen. • Die Pflaumen waschen und ent-

steinen. • Nach dem Abkühlen den Zwiebackbrei mit dem Honig verrühren. • Die Eier in Eiweiße und Eigelbe trennen. Die Eigelbe, die Gewürze und den Alkohol zum Zwieback geben. • Die Eiweiße steifschlagen und vorsichtig unterziehen. • Den Backofen auf 190° vorheizen. • In eine gefettete Auflaufform schichtweise den Zwiebackteig und die Pflaumen geben, zuletzt eine Schicht Teig. • Die Butter in Flöckchen aufsetzen und den Auflauf etwa 1 Stunde backen.

Quarkauflauf mit Birnen und Zwetschgen

3 vollreife Birnen · 300 g Zwetschgen
3 Eier · 500 g Magerquark
5 Eßl. Sahne · 2 Eßl. Birnendicksaft
2 Eßl. feine Hafer- oder Hirseflocken
$1/4$ Teel. Vanillepulver · 1 Prise Ingwerpulver

- Zubereitungszeit: 25 Minuten
- Backzeit: 40 Minuten

So wird's gemacht: Die Birnen halbieren, schälen, das Kerngehäuse entfernen, die Hälften auf den Boden einer gefetteten Auflaufform legen. Die Zwetschgen waschen, halbieren, entsteinen und dazwischen verteilen. • Die Eier in Eiweiße und Eigelbe trennen. • Den Backofen auf 200° vorheizen. • Aus dem Quark, der Sahne, den Eigelben, dem Birnendicksaft, den Getreideflocken, dem Vanillepulver und dem Ingwer eine Creme rühren. • Die Eiweiße steifschlagen und vorsichtig unterziehen. Die Quarkmasse über das Obst geben. • Den Auflauf 40 Minuten backen.

Schwarzbrotauflauf

$3/4$ l Milch · 300 g altbackenes Vollkornbrot
3 Eßl. Weinbrand
100 g ungeschwefelte Rosinen

125 g Mandeln · 2 Eier
Saft und unbehandelte, abgeriebene Schale
von ½ Zitrone
150 g Honig · 1 Eßl. Kakao
1 Eßl. Vollkornbrösel

- Quellzeit: über Nacht
- Zubereitungszeit: 30 Minuten
- Backzeit: 80–90 Minuten

So wird's gemacht: Die Milch erhitzen. • Das Brot in Stücke schneiden, in die Milch legen und über Nacht quellen lassen. • Den Backofen auf 170° vorheizen. • Den Weinbrand erhitzen, die Rosinen darin quellen lassen. • Das gequollene Brot mit den geschälten, gemahlenen Mandeln, den Eiern, dem Zitronensaft und der -schale, dem Honig und dem Kakao zu einem gleichmäßigen Teig rühren, zuletzt die abgetropften Rosinen untermischen. • Eine Auflaufform gut ausfetten und mit Vollkornbröseln ausstreuen. Die Brotmasse einfüllen und im Backofen 80–90 Minuten backen.

Wiener Grießauflauf

½ l Milch · ¼ Teel. Vanillepulver
1 Prise Salz · 100 g Vollweizengrieß
50 g Butter · 50 g ungeschwefelte Rosinen
4 Eier
unbehandelte, abgeriebene Schale von
½ Zitrone
3–4 Eßl. Honig

- Zubereitungszeit: 20 Minuten
- Backzeit: 40 Minuten

So wird's gemacht: Die Milch mit dem Vanillepulver und dem Salz aufkochen lassen, den Grieß einstreuen, die Butter zufügen und den Brei zugedeckt 10 Minuten ausquellen lassen. • Die Rosinen in heißem Wasser quellen lassen.• Den Backofen auf 150° vorheizen. • Die Eier in Eigelbe und Eiweiße trennen. • Zum ausgekühlten Grießbrei die Zitronenschale, den Honig und

die Eigelbe geben, die abgetropften Rosinen zufügen. Die Eiweiße zu steifem Schnee schlagen und zuletzt unter den Grießbrei ziehen. • Die Grießmasse in eine gefettete Auflaufform füllen. Den Auflauf im Backofen in den ersten 10 Minuten bei 150° backen, dabei die Ofentür etwas geöffnet lassen (einen Kochlöffel in die Backofentüre klemmen), dann 30 Minuten bei 200° und geschlossener Backofentür fertigbacken.

Schweizer Käseauflauf

4 Eier · 175 g geriebener Emmentaler Käse
4 Eßl. Pflanzenöl · 4 Eßl. Milch
2 gehäufte Eßl. Weizenvollkornmehl
1 Teel. edelsüßes Paprikapulver
1 Bund Petersilie

- Zubereitungszeit: 15 Minuten
- Backzeit: 10–20 Minuten

So wird's gemacht: Die Eier in Eigelbe und Eiweiße trennen. Die Eiweiße zu steifem Schnee schlagen. • Den Backofen auf 220° vorheizen. • Die Eigelbe mit dem Käse, dem Öl, der Milch und dem Mehl mit dem Elektroquirl verrühren. Das Paprikapulver und die gewaschene, kleingeschnittene Petersilie zufügen. Zuletzt den Eischnee unterziehen. • Die Käsemasse in einer gefetteten Auflaufform 15–20 Minuten im Ofen backen.

Mein Tip: Sie können den Auflauf auch in 4 feuerfesten Portionsschälchen backen, dann verringert sich die Backzeit auf 10–15 Minuten.

Pfannkuchen mit feinen Füllungen

Pfannkuchen – Grundrezept

3 Eier
$1/2$ l kohlensäurehaltiges Mineralwasser
1 Prise Salz für Pfannkuchen mit süßer,
$1/4$ Teel. Salz für Pfannkuchen mit
pikanter Füllung
300 g Weizenvollkornmehl oder
Buchweizenmehl
Zum Braten:
Pflanzenmargarine

• Zubereitungszeit: 25 Minuten
• Ruhezeit: 30 Minuten

So wird's gemacht: Die ganzen Eier mit dem Wasser und dem Salz mit dem Elektroquirl verrühren und das Mehl zugeben. Den Teig 30 Minuten ruhen lassen. • Die Margarine erhitzen, mit einem Schöpflöffel den Teig in die Pfanne geben, die Pfannkuchen von beiden Seiten goldgelb braten.

••••••••••••••••••••••••••••••••••••
Mein Tip: Da sich die Pfannkuchen aus Vollkornmehl schlechter wenden lassen, sollten Sie sie in einer kleinen Pfanne braten.
••••••••••••••••••••••••••••••••••••

Crêpes – Grundrezept

300 g Buchweizenmehl
1 Prise Salz • 4 Eier
$1/2$ l kohlensäurehaltiges Mineralwasser
Zum Braten: Pflanzenöl

• Zubereitungszeit: 25 Minuten
• Ruhezeit: 30 Minuten

So wird's gemacht: Alle Zutaten mit dem Elektroquirl auf höchster Stufe schlagen. • Den Teig 30 Minuten quellen lassen. • Der Teig muß dünnflüssig sein und wird in heißem Öl gebraten.

Füllungen:

Füllen Sie die Pfannkuchen mit Spinat, Spargel, Lauch, Tomaten-Paprika-Gemüse, Pilzen wie Champignons, Pfifferlingen und Steinpilzen oder Soja nach Hackfleischart.
Für Pfannkuchen mit süßer Füllung geben Sie zum Teig 2 Eßlöffel Orangenlikör oder die geriebene Schale einer unbehandelten Orange. Diese aromatischen Pfannkuchen schmecken pur, mit Sahnequark, Kompott aus Äpfeln, Birnen, Aprikosen oder Preiselbeeren, mit Erdbeeren oder Himbeeren.

Buchweizenpfannkuchen mit Quark gefüllt

300 g Buchweizenmehl • 3 Eier
$1/2$ l kohlensäurehaltiges Mineralwasser
1 Prise Salz
Für die Füllung:
2 Eier • 75 g ungeschwefelte Rosinen
2 Eßl. Rum • 50 g Butter
3 Eßl. Ahornsirup • $1/2$ Teel. Vanillepulver
500 g Quark
unbehandelte, abgeriebene Schale von
$1/2$ Zitrone
Zum Übergießen:
2 Eier • $1/8$ l Milch • 1 Eßl. Ahornsirup

• Zubereitungszeit: 45 Minuten
• Ruhezeit: 30 Minuten
• Backzeit: 30–40 Minuten

So wird's gemacht: Aus den angegebenen Zutaten mit dem Elektroquirl einen Pfannkuchenteig zubereiten, 30 Minuten ruhen lassen. • Die Pfannkuchen in heißer Margarine braten und warm stellen. • Für die Füllung die Eier trennen. Die Rosinen in dem Rum quellen lassen. • Die Butter schaumig rühren. Den Sirup, das Vanillepulver, die Eigelbe und den Quark zufügen, alles gut verrühren. • Die Eiweiße steifschlagen. Die abgetropften Rosinen und die Zitronenschale unter die Quarkmasse mischen und den Eischnee vorsichtig unterziehen. • Den Backofen auf 200° vorheizen. • Die Pfannkuchen mit

Pfannkuchen mit feinen Füllungen

der Quarkmasse bestreichen, aufrollen und nebeneinander in eine gefettete Auflaufform schichten. • Die Eier mit der Milch und dem Sirup verquirlen, über die Pfannkuchen gießen und diese 30–40 Minuten im Backofen backen.

Quarkpfannkuchen

250 g Magerquark · 4 Eier
2–3 Tassen Mineralwasser
5 Eßl. Weizenvollkorn- oder Buchweizenmehl
1/2 Teel. Backpulver · 1 Prise Salz
(2 Eßl. Ahornsirup für süße Pfannkuchen)
Zum Braten: Pflanzenmargarine

• Zubereitungszeit: 30 Minuten
• Ruhezeit: 1 Stunde

So wird's gemacht: Aus dem Quark, den Eiern, dem Wasser, dem Mehl, dem Backpulver und dem Salz (und eventuell dem Sirup) einen Teig rühren und diesen 1 Stunde ruhen lassen. • Die Pfannkuchen in heißer Margarine von beiden Seiten knusprig braten.

Hirse-Omelette

200 g Hirseflocken · 4 Eier · 200 ml Milch
100 g geriebener Emmentaler Käse
Salz · Muskat · Butterschmalz

• Zubereitungszeit: 45 Minuten

So wird's gemacht: Die Hirseflocken, die Eigelbe, die Milch, den Käse und die Gewürze mit dem Schneebesen cremig schlagen und den Teig 30 Minuten ruhen lassen. • Den steif geschlagenen Eischnee unterheben. • Butterschmalz in einer beschichteten Pfanne erhitzen und dünne Omeletts von beiden Seiten knusprig braun braten.

Das paßt dazu: Blattsalat oder Blattspinat.

Käse-Omelettes mit Gemüsefüllung

4 Eier · 4 Eßl. Wasser
2 gehäufte Eßl. Weizenvollkornmehl
1/2 Teel. Backpulver
125 g geriebener Emmentaler Käse
Zum Braten: Pflanzenmargarine
Für die Füllung:
500 g Zucchini · 30 g Butter · Salz

• Zubereitungszeit: 35 Minuten
• Ruhezeit: 30 Minuten

So wird's gemacht: Aus den angegebenen Zutaten einen Teig rühren, 30 Minuten ruhen lassen. • Für die Füllung die Zucchini waschen, abtrocknen, von Stielen und Blüten befreien und in 1 cm dicke Scheiben schneiden. • In einer beschichteten Pfanne die Butter erhitzen und die Zucchini darin von beiden Seiten braten, salzen. • Die Omelettes in heißer Margarine braten und warm stellen. • Die Zucchini auf je 1 Hälfte der Omelettes verteilen, die andere Hälfte darüberschlagen und auf vorgewärmten Tellern servieren.

Schweizer Rübli-Omelettes

8 Eier · 4 Eßl. Wasser
125 g Möhren · Salz · 1 Prise Zucker
1 Bund Schnittlauch · Pflanzenmargarine

• Zubereitungszeit: 20 Minuten

So wird's gemacht: Die Eier mit dem Wasser verquirlen. Die gewaschenen, geputzten, geriebenen Möhren zur Eimasse geben und würzen. Den kleingeschnittenen Schnittlauch zufügen. • Die Omelettes in heißer Margarine von beiden Seiten knusprig braten.

Sauermilch- und Quarkzubereitung

Joghurt

Joghurt entsteht aus Milch durch Zusatz von Milchsäurebakterien.

1 l Milch · 1 Becher Sanoghurt · 2 Eßl. Magermilchpulver

Frische Milch, Vorzugsmilch oder pasteurisierte Milch zum Kochen bringen und dann auf etwa 40° abkühlen. H-Milch braucht nicht gekocht zu werden. Sanoghurt und Magermilchpulver mit dem Schneebesen in die Milch rühren. Den Ansatz in ein Glas- oder Porzellangefäß geben und zugedeckt 10–12 Stunden – am besten über Nacht – stehen lassen. Der Ansatz sollte in unmittelbarer Nähe der Heizung reifen und während des Reifeprozesses nicht geschüttelt werden.
Der fertige Joghurt wird in Becher oder Gläser gefüllt, verschlossen und einige Stunden in den Kühlschrank gestellt; dadurch wird er schön fest. Am besten schmeckt er frisch. Von diesem Joghurt bewahren Sie sich etwa 1 Becher auf und verwenden ihn als Ansatz für die nächste Joghurtzubereitung. Im Fachhandel gibt es elektrische Geräte zur Joghurt-Herstellung. Sie enthalten Schraubverschlußgläser und halten die Temperatur konstant.
Die Qualität von Joghurt ist abhängig von
• der Milch (siehe Seite 19)
• der verwendeten Joghurtkultur und
• der Zubereitungsart.
Was unterscheidet selbstzubereiteten Joghurt (oder Sanoghurt) von dem molkereimäßig hergestellten? Zum Vergleich: In Molkereien wird Joghurt in 2–3 Stunden bei 45° hergestellt.
• Selbstzubereiteter Joghurt ist reich an Fermenten, die im menschlichen Körper chemische Reaktionen ermöglichen oder beschleunigen.
• Das im Joghurt enthaltene Eiweiß ist besonders leicht verdaulich.
• Dieser selbstzubereitete Joghurt wird mit einer Bakterienkultur hergestellt, die ausschließlich rechtsdrehende Milchsäure bildet.
    Joghurt, Dickmilch und Kefir können auch mit Hilfe von Fermenten aus dem Reformhaus hergestellt werden.

Dickmilch

1 l ungekochte Milch · 1 Eßl. saure Sahne

Die Milch mit der sauren Sahne verquirlen, an einem warmen Platz zugedeckt stehen lassen. Wenn die Milch »dick« ist, bald verbrauchen.

Kefir

Kefir ist ein leicht kohlensäure- und alkoholhaltiges Sauermilchprodukt.

ungekochte Milch · 1 Kefirpilz

Die Milch und den Pilz gibt man in ein Schraubverschlußglas, das höchstens zu 75% gefüllt sein darf. Das Glas verschließen. Nach etwa 24 Stunden ist der Kefir fertig. Man gießt ihn durch ein Plastiksieb und bedeckt den Kefirpilz wieder mit Milch. Alle 5–7 Tagen sollte der Pilz mit lauwarmem Wasser abgespült werden.

Quark

Quark wird aus Milch und Buttermilch im Verhältnis 4:1 hergestellt. Verwenden Sie Heirler-Buttermilch; sie ist reich an Fermenten und rechtsdrehender Milchsäure.

So wird's gemacht: Milch und Buttermilch verrühren und zugedeckt über Nacht bei Zimmertemperatur stehen lassen. • Dann die Mischung vorsichtig auf 35° erwärmen, ab und zu umrühren, bis die Milch stockt. • In eine große Schüssel stellt man einen Durchschlag. Dahinein legt man ein ausgekochtes Geschirrtuch aus Leinen und schüttet den Ansatz auf das Tuch. Durch Auspressen können Sie den Vorgang beschleunigen.
Die Molke tropft in die Schüssel. Diese Molke ist reich an Vitaminen und Mineralstoffen und eignet sich hervorragend für einen »Entlastungstag« (siehe Seite 35) oder für Mixgetränke mit Obst- und Gemüsesäften. Die weiße Masse im

Geschirrtuch ist der Quark. Er schmeckt mit Salz, Kümmel und Paprika als Brotaufstrich; mit Zwiebeln, Meerrettich und Kräutern vermengt zu Kartoffeln. Oder versuchen Sie einmal diesen Quark auf selbstgebackenem Vollkornbrot mit frischer Pflaumen- oder Aprikosenmarmelade.

Nährstoffreiche, kalorienarme Zwischenmahlzeiten

- $1/4$ l Buttermilch mit 1 Apfel im Mixer pürieren, mit Ingwer und Zitronenmelisse würzen.
- $1/4$ l Buttermilch und 1 geschälten Pfirsich oder 2 Aprikosen im Mixer pürieren.
- $1/4$ l Buttermilch, Saft und unbehandelte, abgeriebene Schale von 1 Orange und 1 Teelöffel Honig vermengen.
- $1/4$ l Buttermilch mit 1 gehäuteten Tomate im Mixer pürieren und mit Zitronensaft, weißem Pfeffer und Kresse verrühren.
- $1/4$ l Buttermilch mit $1/2$ geschälten Salatgurke im Mixer prürieren, mit weißem Pfeffer und Dill abschmecken.
- $1/4$ l Buttermilch und 2 geraspelte Möhren, 1 Teelöffel Ahornsirup und 1 Eßlöffel Pflanzenöl verrühren.

Bulgarischer Joghurt

4 Becher Joghurt oder Sanoghurt
2 Knoblauchzehen · 1 große Zwiebel
1 große Gewürzgurke
1 Teel. edelsüßes Paprikapulver
weißer Pfeffer aus der Mühle · Selleriesalz
1 Bund Petersilie

- Zubereitungszeit: 10 Minuten

So wird's gemacht: Den Joghurt in einer Schüssel verrühren. • Die Knoblauchzehen schälen und pressen, die geschälte Zwiebel und die Gurke kleinwürfeln, alles zum Joghurt geben. Mit dem Paprikapulver, Pfeffer und Selleriesalz würzen. • Mit der kleingeschnittenen Petersilie bestreut zu Vollkornbrot reichen.

Quarkküchlein

Sie schmecken gut als Beilage zu Gemüse und Salaten. Damit ernähren sie sich an fleischlosen Tagen vollwertig und mit der notwendigen Eiweißmenge.

2 Zwiebeln · 1 Bund Petersilie
500 g Magerquark
4 Eier · $1/4$ Teel. Salz
100 g Vollweizengrieß · Pflanzenmargarine

- Quellzeit: 15 Minuten
- Zubereitungszeit: 40 Minuten

So wird's gemacht: Die Zwiebeln schälen und feinreiben, die Petersilie waschen und feinhakken. • Den Quark mit den Eiern, dem Salz, dem Grieß, den Zwiebeln und der Petersilie verrühren. 15 Minuten quellen lassen. • Margarine in einer beschichteten Pfanne erhitzen, jeweils 1 Eßlöffel Teig in die Pfanne geben und die Küchlein auf beiden Seiten knusprig braten.

Käseschnitzel

1 Ei · 1 Eßl. Milch
4 dicke Scheiben Gouda Käse
2 Eßl. Vollkornmehl · 3–4 Eßl. Vollkornbrösel
Pflanzenmargarine

- Zubereitungszeit: 10 Minuten

So wird's gemacht: Das Ei mit der Milch in einem flachen Teller verquirlen. • Die Käsescheiben unter fließendem, kaltem Wasser abspülen, noch feucht in dem Mehl, in dem verquirlten Ei und zuletzt in den Bröseln wälzen. Die Panade mit den Fingern fest andrücken und die Schnitzel in heißer Margarine von jeder Seite 2 Minuten braten. Sofort servieren.

Das paßt dazu: grüner oder Radicchiosalat.

Köstliche Desserts

Kompott – Grundrezept

Obst waschen, eventuell schälen, entkernen, zerkleinern. Mit wenig Wasser und – nach Geschmack – Zitronensaft und unbehandelter, abgeriebener Zitronenschale aufkochen. Die Kochplatte ausschalten und das Kompott im geschlossenen Topf garziehen lassen. Musiges Kompott wird mit dem Schneebesen oder im Mixer püriert. Nach dem Abkühlen mit Honig oder Sirup süßen, mit Vanillepulver, Ingwer, Anis oder Zimt würzen. Zur Nährstoffanreicherung gibt man mindestens ein Viertel frisches Obst derselben Sorte zu; Beeren im ganzen, Äpfel und Birnen geraspelt. In Rhabarberkompott schmekken pürierte Erdbeeren.

Apfelkompott

750 g säuerliche Äpfel · 2–3 Eßl. Ahornsirup
unbehandelte, abgeriebene Schale von
$1/2$ Zitrone
je 1 Messerspitze Vanille- und Ingwerpulver

● Zubereitungszeit: 35 Minuten

So wird's gemacht: 500 g Äpfel schälen, vom Kerngehäuse befreien, kleinschneiden und mit wenig Wasser aufkochen. Die Herdplatte ausschalten und die Äpfel im geschlossenen Topf garziehen lassen, dann mit dem Schneebesen musig schlagen. Abgekühlt mit dem Ahornsirup süßen, mit der Zitronenschale, dem Vanillepulver und dem Ingwer abschmecken. ● Die restlichen Äpfel schälen (ungespritzte Äpfel bleiben ungeschält) und auf der Rohkostreibe in das kalte Apfelmus reiben.

Das paßt dazu: heißer Hirsebrei.

Variante – Errötendes Mädchen
Apfelkompott mit 3 Eßlöffeln rote-Bete-Saft färben, $1/4$ l steifgeschlagene Sahne unterziehen.

Ananassalat mit Kiwis

1 frische Ananas · 2 Kiwis
2 cl Birnengeist · 200 ml Sahne
1 Eßl. Ahornsirup
unbehandelte, abgeriebene Schale von
$1/2$ Orange
15 g Pistazien

● Zubereitungszeit: 15 Minuten

So wird's gemacht: Die Ananas in Scheiben schneiden, die Schale und den holzigen Strunk in der Mitte entfernen, dann die Scheiben in Stückchen teilen. Die Kiwis schälen und in Scheiben schneiden. ● Die Früchte in Portionstellern hübsch anrichten, sparsam mit Birnengeist beträufeln. ● Die Sahne steifschlagen, mit Sirup vorsichtig süßen und die Orangenschalen untermischen. Sahnetupfen auf den Obstsalat spritzen, darauf die gehackten Pistazien streuen.

Variante
3 Eßlöffel Kokosflocken in 15 g Butter goldgelb rösten und abgekühlt über den Obstsalat streuen.

Kalifornischer Obstsalat
Bild Seite 116

$1/2$ frische Ananas · 2 Bananen
1 rote Grapefruit · 250 g Bleichsellerie
10 Walnüsse
Für die Creme:
100 g Magerquark
5 Eßl. Sahne · 1 Teel. scharfer Dijonsenf
weißer Pfeffer · 1 Prise Zucker
einige Zweige Zitronenmelisse

● Zubereitungszeit: 30 Minuten

So wird's gemacht: Die Ananas in Scheiben schneiden, schälen, den holzigen Strunk in der Mitte entfernen, die Scheiben würfeln. Die Bananen in Scheiben schneiden, die Grapefruit schälen, filieren und in Stückchen schneiden. Den Sellerie waschen, abtropfen lassen und in 1 cm breite Streifen schneiden, die Walnüsse grobhacken. • Aus dem Quark und der Sahne eine Creme rühren, mit dem Senf, Pfeffer aus der Mühle und Zucker abschmecken. • Die Früchte mit der Creme vermengen, in hohe Gläser füllen und mit je 1 Zweig Zitronenmelisse verzieren.

Gefüllte Pfirsiche

Bild Seite 116

4 reife Pfirsiche
200 g Doppelrahm-Frischkäse
2 Eßl. Zitronensaft · 1 Prise Ingwerpulver
2 Eßl. Orangenlikör oder unbehandelte, abgeriebene Schale von 1/2 Orange · Salatblätter
edelsüßes Paprikapulver · 8 Walnüsse

• Zubereitungszeit: 20 Minuten

So wird's gemacht: Die Pfirsiche mit kochendem Wasser überbrühen, die Haut abziehen, die Früchte halbieren und entkernen. • Den Frischkäse mit dem Zitronensaft cremig rühren, mit dem Ingwerpulver und dem Likör oder der Orangenschale abschmecken. • Die Creme in einen Spritzbeutel füllen. • In Portionsschalen je ein Salatblatt legen, die Pfirsichhälften darauf verteilen. In jede Kernmulde eine Creme-Rosette spritzen. • Mit wenig Paprikapulver bestäuben und mit je einer halben Walnuß garnieren.

Rhabarbergrütze

500 g Rhabarber · 150 ml Apfelsaft oder -wein
1 gestrichener Teel. Agar-Agar · 4 Eßl. Honig
Saft von 1/2 Zitrone · 1 Becher Crème fraîche

• Zubereitungszeit: 25 Minuten

So wird's gemacht: Den Rhabarber schälen, in Stückchen schneiden. Mit dem Saft oder dem Wein aufkochen, garziehen lassen. • Agar-Agar klümpchenfrei mit etwas Wasser anrühren, mit dem Schneebesen in den heißen Fruchtbrei rühren. • Die Grütze etwas abkühlen lassen. Den Honig und den Zitronensaft zufügen, die Speise auskühlen lassen. • Mit Crème fraîche servieren.

Rote Grütze

500 g rote und schwarze Johannisbeeren
250 g Himbeeren · 250 g Sauerkirschen
2 gestrichene Teel. Agar-Agar · 4–6 Eßl. Honig

• Zubereitungszeit: 30 Minuten

So wird's gemacht: Die Beeren waschen, abtropfen lassen, die Kirschen waschen und entsteinen. Die Früchte bis kurz vor dem Siedepunkt erhitzen. Das in wenig Wasser angerührte Agar-Agar zugeben, gut verrühren und abkühlen lassen. • Wenn die Grütze zu gelieren beginnt, den Honig zugeben und die Grütze in Portionsschalen füllen.

Das paßt dazu: Crème fraîche.

Rotweinbirnen in Käsesahne

4 vollreife Birnen · trockener Rotwein
2 ganze Nelken · 1 Stück Zimtstange
125 g Gorgonzola Käse · 1 Eßl. Birnenbrand
200 ml Sahne

• Zubereitungszeit: 30 Minuten

So wird's gemacht: Die Birnen halbieren, vom Kerngehäuse befreien und schälen. In einen genügend großen Topf nebeneinander legen und soviel Rotwein darübergießen, daß sie mit Flüssigkeit bedeckt sind. • Nelken und Zimtstange zugeben und bei milder Hitze weichdünsten; die Birnen dürfen nicht zerfallen. ● Den Käse durch ein Sieb streichen, mit dem Alkohol verrühren. ● Die Sahne steifschlagen und mit dem Käse vermengen. ● Die Käsesahne in 4 Portionsschalen anrichten und darauf je 2 abgekühlte Birnenhälften geben. Eventuell mit gehackten Pistazien bestreuen.

Obstsülze

³/₄ l ungesüßter Obstsaft (Apfel-, Trauben- oder Orangensaft)
1 Prise Zimt · 1 Prise Nelken
1 gehäufter Teel. Agar-Agar · eventuell Honig
500 g Beeren oder andere Früchte

● Zubereitungszeit: 15 Minuten
● Kühlzeit: 1 Stunde

So wird's gemacht: Den Obstsaft mit den Gewürzen bis zum Kochen erhitzen. ● Agar-Agar in wenig Wasser lösen und zum Saft geben, gut verrühren und etwas abkühlen lassen. Bei Bedarf mit Honig süßen. ● Die Früchte vorbereiten, eventuell in mundgerechte Stücke teilen und in Portionsschalen anrichten. Mit dem Obstsaft übergießen. Abkühlen und erstarren lassen.

Mehlmus

Das mögen Kinder gern.

400 ml Wasser
2 gehäufte Eßl. Weizenvollkorn- oder Buchweizenmehl
100 ml Sahne · 2 Eßl. Honig
unbehandelte, abgeriebene Schale von ¹/₂ Zitrone oder Orange
¹/₄ Teel. Vanillepulver · 50 g Haselnüsse

● Zubereitungszeit: 15 Minuten

So wird's gemacht: Das Wasser erwärmen, das Mehl einstreuen und mit dem Schneebesen schlagen, bis die Masse kocht, dann ausquellen lassen. ● Mit dem Schneebesen die Sahne, den Honig, die Zitronen- oder Orangenschale, das Vanillepulver und die grobgemahlenen Nüsse unterrühren.

Mandelpudding

400 ml Wasser
100 g Weizenvollkornmehl · 100 ml Milch
¹/₂ Teel. Vanillepulver · 3 Eßl. Honig
75 g Mandeln
1 Eßl. Orangenlikör oder unbehandelte, abgeriebene Schale von ¹/₂ Orange

● Zubereitungszeit: 25 Minuten

So wird's gemacht: Das Wasser erwärmen, Mehl einstreuen und unter Rühren aufkochen, ausquellen und etwas abkühlen lassen. ● Die Milch, das Vanillepulver, den Honig, die geschälten, feingemahlenen Mandeln und den Likör oder die Orangenschale zugeben und alles gut verrühren. Den Pudding in Portionsschalen füllen.

Variante – Mandelcreme
Wenn Sie ¹/₈ l steifgeschlagene Sahne unterziehen, erhalten Sie eine Mandelcreme.

Schokoladencreme

400 ml Wasser · 100 g Weizenvollkornmehl
1 gehäufter Eßl. Kakao
¹/₂ gestrichener Teel. Vanillepulver
100 ml Milch · 3 Eßl. Ahornsirup
50 g Mandeln
1 Eßl. Orangenlikör oder unbehandelte, abgeriebene Schale von ¹/₂ Orange
¹/₈ l Sahne · 15 g Pistazien

● Zubereitungszeit: 25 Minuten

So wird's gemacht: Das Wasser erwärmen, das Mehl unter Rühren einstreuen. Den Kakao mit etwas Wasser anrühren und mit dem Vanillepulver zugeben. Die Masse unter Rühren zum Kochen bringen, dann etwas abkühlen lassen. • Die Milch, den Sirup, die geschälten, feingemahlenen Mandeln und den Likör oder die Orangenschale zufügen, zuletzt die steifgeschlagene Sahne unterziehen. Mit den gehackten Pistazien bestreut servieren.

Das Garen im Wasserbad ist geeignet für Speisen, die wenig Hitze vertragen, leicht gerinnen oder anbrennen.

Vanillecreme

1 Ei · 2 Eigelbe
$^1/_8$ l Milch · 1 Eßl. Honig
$^1/_4$ Teel. gemahlene Vanille

• Zubereitungszeit: 10 Minuten

So wird's gemacht: Das Ei, die Eigelbe, die Milch, den Honig und das Vanillepulver unter Rühren mit dem Elektroquirl erhitzen, aber nicht kochen lassen. • So lange rühren, bis die Masse cremig ist, sofort servieren.

Weinschaumcreme

2 Eigelbe · 1 Ei
$^1/_8$ l trockener Weißwein · 1 Eßl. Honig

• Zubereitungszeit: 15 Minuten

So wird's gemacht: Alle Zutaten in einem Rührbecher im heißen Wasserbad mit dem Elektroquirl schlagen, bis die Masse cremig ist. Sofort servieren.

Honigeis

2 Eigelbe · 1 Ei
3 Eßl. Honig · 350 ml Sahne
2 Eßl. Bärenfang oder Obstbrand

• Zubereitungszeit: 20 Minuten
• Gefrierzeit: 4 Stunden

So wird's gemacht: Die Eigelbe, das Ei und den Honig im heißen Wasserbad mit dem Elektroquirl cremig schlagen, abkühlen lassen. • Die Sahne steifschlagen. • Den Alkohol und die Sahne unter die abgekühlte Eimasse heben. Die Creme in eine kleine Kastenform füllen und in den Gefrierschrank stellen.

Bärenfang

250 g Akazienhonig · $^1/_2$ l Wodka
unbehandelte Schale von 1 Zitrone

• Zubereitungszeit: 5 Minuten
• Ruhezeit: 2 Wochen

So wird's gemacht: Den Honig, den Wodka und die spiralförmig geschnittene Zitronenschale in ein Glas füllen, öfters schütteln. Bei Zimmertemperatur ziehen lassen. • Nach 2 Wochen die Zitronenschale entfernen. Der Bärenfang ist trinkfertig.

Marmeladen

Marmeladen werden üblicherweise mit Zucker als Konservierungsmittel hergestellt. Sie können Marmelade entweder mit Honig herstellen oder mit Agar-Agar und Fruchtzucker zubereiten und dabei zwei Drittel Zucker sparen. Fruchtzucker hat eine intensivere Süßkraft – hilft also Zucker sparen – und wird vom Körper bis zu einer Tagesmenge von 30 g insulinunabhängig abgebaut.

Verwenden Sie zur Aufbewahrung von Marmelade Schraubverschlußgläser oder Gläser mit twist-off-Deckel.

Vor der Marmeladenzubereitung die Gläser heiß spülen. Kochen Sie jeweils nur 1 kg Früchte ein; kurze Kochzeiten schonen die Pektine, die für das Gelieren wichtig sind.

Grundrezept:

1 kg Früchte waschen, zerkleinern, mit 350 g Fruchtzucker vermengen und über Nacht stehen lassen. Am nächsten Tag unter Rühren erhitzen und 5 Minuten kochen lassen. Den Topf von der Herdplatte nehmen. Den Saft von 1 Zitrone und 15 g Agar-Agar (knapp 2 Päckchen) in etwas Wasser aufgelöst zugeben und gut verrühren. Die Marmelade sofort in die vorbereiteten Gläser füllen, 1 Eßlöffel hochprozentigen Rum in jedes Glas geben und verschließen. Diese Marmeladen sind nicht lange haltbar; angebrochene Gläser müssen im Kühlschrank aufbewahrt werden. Oder Sie kochen die Marmelade wie beschrieben ein, füllen diese in Weckgläser und pasteurisieren sie noch 10 Minuten bei 80° im Weckapparat. So zubereitet ist sie monatelang haltbar.

Es empfiehlt sich, Marmelade nicht auf Vorrat, sondern bei Bedarf einzukochen. Das ist möglich, wenn Sie erntefrisches Obst einfrieren. Folgende Früchte eignen sich zum Einfrieren: Brombeeren, Erdbeeren, Heidelbeeren, Himbeeren, Johannisbeeren, Preiselbeeren, Stachelbeeren, Aprikosen, Kirschen und Pfirsiche.

Erdbeermarmelade

1 kg Erdbeeren · 150 g Honig
1/2 Teel. Vanille · 1/4 Teel. Ingwer

• Zubereitungszeit: 30 Minuten

So wird's gemacht: Die Erdbeeren waschen, vierteln, mit dem Honig unter Rühren 15 Minuten kochen, die Gewürze zugeben, umrühren und sofort in Gläser füllen. • Die abgekühlte Marmelade im Kühlschrank aufbewahren und bald verbrauchen.

Zwetschgenmarmelade

1 kg Zwetschgen mit Stein · 300 g Honig
1/2 Teel. gemahlener Zimt
1 Prise gemahlene Nelken

• Zubereitungszeit: 1 Stunde

So wird's gemacht: Die Früchte waschen, entsteinen, vierteln, mit dem Honig 45 Minuten unter häufigem Umrühren kochen. Die Gewürze zugeben, in Gläser füllen. • Nach dem Abkühlen im Kühlschrank aufbewahren und bald verbrauchen.

Orangenmarmelade

1 kg Orangen, davon 2 Orangen mit unbehandelter Schale
300 g Honig

• Zubereitungszeit: 1 Stunde 15 Minuten

So wird's gemacht: Die Orangen schälen und die weiße Haut sorgfältig entfernen. Die Früchte in Segmente teilen, die Kerne entfernen und die Segmente kleinschneiden. • Die Schalen der unbehandelten Orangen in feine Streifen schneiden. • Die Orangenstücke, die Schalen und den

Honig 45 Minuten kochen lassen, dabei häufig umrühren. • In Gläser füllen und verschließen. • Die Marmelade abgekühlt im Kühlschrank aufbewahren und bald aufbrauchen.

Himbeer- oder Kirschmarmelade

1 kg Himbeeren oder Kirschen
350 g Fruchtzucker
1 Zitrone · 2 Päckchen Agar-Agar zu je 8 g

• Zubereitungszeit: 45 Minuten
• Ruhezeit: über Nacht

So wird's gemacht: Die Himbeeren oder Kirschen waschen und entsteinen. Mit dem Fruchtzucker vermengen und zugedeckt über Nacht stehen lassen. • Dann erhitzen, 5 Minuten brausend kochen lassen. • Den Saft der Zitrone und das in Wasser klümpchenfrei angerührte Agar-Agar zugeben. Die Marmelade sofort in Gläser füllen und verschließen. Sie ist nur begrenzt haltbar; angebrochene Gläser müssen im Kühlschrank aufbewahrt werden.

Frisch gerührte Pflaumen- oder Aprikosenmarmelade

Ungeschwefelte, getrocknete Pflaumen oder Aprikosen über Nacht in warmem Wasser einweichen; soviel Wasser verwenden, daß die Früchte eben bedeckt sind. • Am Morgen mit der Flüssigkeit im Mixbecher oder mit dem Mixstab pürieren.
Diese frisch gerührte Marmelade schmeckt zum Müsli, süßt Quark- und Sauermilchspeisen und ist ein ausgezeichneter Brotaufstrich: Magerquark mit Milch oder Sahne cremig rühren, auf eine Scheibe Vollkornbrot streichen und darauf die Marmelade verteilen.
Die frisch gerührte Pflaumenmarmelade ist darmfreundlich!

Obst konservieren

Früchte zum Einwecken wie üblich vorbereiten; bei Kernobst 2–3 Kerne mit ins Glas geben wegen des Aromas. Zum Süßen verteilen Sie zwischen den Früchten einige getrocknete Feigen. Nun kochen Sie einen Sud aus Wasser mit Zimtstangen, ganzen Nelken, Anis, Zitronensaft und unbehandelter -schale. Gießen Sie die Flüssigkeit mit den Gewürzen über die vorbereiteten Früchte in die Weckgläser und sterilisieren Sie wie gewohnt.
Oder Sie wecken ein wie üblich, nur daß Sie statt Zucker Honig verwenden; meist genügt schon die Hälfte der angegebenen Zuckermenge.
Zwetschgen lassen sich ganz ohne Süßmittel und Flüssigkeit einwecken: Früchte entsteinen, in Weckgläser füllen, 2–3 Kerne ins Glas geben und sterilisieren.
Beim Dampfentsaften füllen Sie den heißen Saft ohne Zugabe von Zucker oder Honig in sorgfältig gereinigte, ausgekochte Flaschen und verschließen sie.

Rezept- und Sachregister

Kursiv gesetzte Seitenzahlen verweisen auf Abbildungen.

Rezept- und Sachregister

Rezept- und Sachregister

Rezept- und Sachregister

Für alle Freunde
der naturgemäßen Ernährung:

Ingrid Früchtel
Das große Vollkorn-Kochbuch
Rat und Rezept-Ideen zum
Kochen und Backen von Voll-
wert-Kost. 132 S. mit 12 Farb-
tafeln und mit Zeichnungen.
Farbiger Glanzeinband.

Das große Vollkorn- Koch -
buch bringt umfassende
Informationen zu jeder Frage
der Vollkorn-Küche und zeigt,
wie man mit Vollgetreide und
naturbelassenen Lebensmitteln ganz besonders gut und
köstlich kochen und backen
kann. Tips für den Einkauf,
besondere Hinweise für spezielle Küchengeräte und für
die Getreidezubereitung
sowie ein „Kurs" der Getrei-
debäckerei vervollständigen
diesen aktuellen Ratgeber.

Ingrid Früchtel
Das große Vollkorn-Backbuch
Rat und neue Rezept-Ideen
zum Backen mit Vollgetreide.
132 S. mit 12 Farbtafeln und
mit Zeichnungen. Farbiger
Glanzeinband.

Alles über das Backen mit
Vollgetreide und natur-
belassenen Zutaten. Neue
Rezept-Ideen für Brot,
Kuchen, Plätzchen, Strudel,
Waffeln, pikantes Backwerk
und vieles mehr.
Hier werden alle Fragen rund
um das Backen mit Vollkornmehl beantwortet aus jahre-
langer persönlicher Erfahrung
der Autorin. Durch viele Tips
aus der Praxis – zu Getreide-
mühlen, Backgeräten und
Zutaten – macht die erfolg-
reiche Autorin Ingrid Früchtel
das Backen leicht.

Ingrid Früchtel
**Das neue vegetarische
Kochbuch**
Rat und Rezept-Ideen für
naturgemäße Ernährung.
132 S. mit 12 Farbtafeln
und mit Zeichnungen.
Farbiger Glanzeinband.

Der komplette Ratgeber für
alle Freunde der modernen
vegetarischen Küche, der eine
optimal naturgemäße Ernährung ermöglicht. Er bringt die
besten vegetarischen Rezept-
Ideen, von Rohkost über raffi-
niert-pikante Hauptgerichte
bis zu Selbstgebackenem und
zeigt, wie gut man mit naturbelassenen Zutaten ohne
Fleisch kochen kann.
Spezielle Tips für's richtige
Einkaufen und Zubereiten, für
besondere Zutaten an
Küchengeräten sowie Menü-
vorschläge runden den
Rezeptteil ab.

Gräfe und Unzer München